UNA MUJER LLAMADA

MARÍA FÉLIX

Ya había nacido la estrella.

UNA MUJER LLAMADA MARÍA FÉLIX

HISTORIA NO AUTORIZADA

CARMEN BARAJAS SANDOVAL

Título de la obra: **UNA MUJER LLAMADA MARÍA FÉLIX**

Derechos Reservados © en el 2002 por EDAMEX, S.A. de C.V.
y Carmen Barajas Sandoval.

Prohibida la reproducción parcial o total de esta obra por cualquier medio.
Se autorizan breves citas en artículos y comentarios bibliográficos,
periodísticos, radiofónicos y televisivos, dando a la autora
y al editor los créditos correspondientes.

Portada: departamento artístico de EDAMEX.

El retrato de María Félix que aparece en la portada
fue hecho por Diego Rivera y forma parte
de la colección particular de Juan Gabriel.

Fotografías de la autora.

Cuarta edición: 10 de mayo del 2002.

Ficha Bibliográfica:

Barajas Sandoval, Carmen
Una mujer llamada María Félix
176 pág. De 17 x 23 cm.
Índice. Fotografías.

ISBN-968-409-673-9

EDAMEX, Heriberto Frías No. 1104, Col. del Valle, México 03100.
Tels. 5559-8588. Fax: 5575-0555 y 5575-7035.

Para enviar un correo electrónico diríjase a la página de internet:

www.edamex.com

Impreso y hecho en México con papel reciclado.
Printed and made in Mexico with recycled paper.

Miembro No. 40 de la Cámara Nacional de la Industria Editorial Mexicana.

El símbolo, el lema y el logotipo de EDAMEX son marcas registradas,
propiedad de: EDAMEX, S.A. de C.V.

Índice

La Doña vista por el genial Rafael Freyre.

	Prólogo	7
I	Su llegada al mundo	9
II	Su llegada al cine	15
III	Su llegada a la fama	19
IV	Su llegada a la internacionalización	31
V	Su llegada, nuevamente a México	39
VI	Su llegada nuevamente al viejo mundo	51
VII	Su llegada al gran mundo del Jet-Set	57
VIII	Su llegada a la serenidad	73
	Su Filmografía	81

El rostro de su primera época. 1942.

PRÓLOGO

Esta no pretende ser de ninguna manera una biografía en el estricto sentido de la palabra. Yo más bien diría que es un relato relacionado con esta mujer fuera de serie, en el que se cuentan anécdotas y episodios de su vida, algunos que me constan y otros que son del dominio público.

Para empezar, debo confesar que personalmente soy admiradora de María, pero me considero una persona objetiva e imparcial, ya que hasta con mis seres más queridos no me ciega la pasión y reconozco lo que tienen de positivo y lo que tienen de negativo.

Así que en este relato trataré de ser lo más objetiva que me sea posible y contaré de ella, sin juzgarla, todo lo que sé tanto de su lado claro y refulgente, como de su lado oscuro, que lo tiene como cualquier ser humano.

Porque en efecto, voy a escribir más sobre la mujer que sobre la estrella y sus éxitos (o fracasos) cinematográficos, pues de esto ya se ha escrito demasiado.

Deliberadamente he incluido sólo unas cuantas fotografías de sus películas, porque quiero que éste sea, como ya dije antes, más un relato sobre la mujer.

Claro que tendré que hablar de sus películas, pues su vida cinematográfica es más larga que su vida fuera de la pantalla, y las dos están total y completamente entrelazadas.

Sin embargo, quiero hacer énfasis en que para mí es más importante hablar de la mujer y sus sentimientos, cualidades y defectos, que de la actriz.

Las fotografías que acompañan son para ilustrar gráficamente el cambio físico que se fue operando en ella con el transcurso de los años, para llegar a verla como está en la actualidad, ahora que se cumplen cincuenta años de su primera aparición en las pantallas del mundo.

Hago mención de sus películas según fueron ocurriendo al ir desarrollándose su vida personal.

Al final de este libro viene su filmografía con una breve sinopsis de cada una de sus películas.

I
Su llegada al mundo

En una pequeña población llamada Álamos, ubicada dentro del estado de Sonora, al noroeste de la República Mexicana, llegó al mundo una niñita que se llamaría María de los Ángeles Félix Güereña. Hija de don Bernardo Félix y de su esposa doña Josefa Güereña. La niña, como cualquiera otra, pues todos tenemos cuatro abuelos aunque algunos no lleguen a conocerlos, tuvo también cuatro abuelos, que fueron por parte de padre: don Fernando Félix y su esposa doña María de la Paz Flores, y por parte de madre: don Amado Güereña y su esposa doña Marcela Rosas. Todos ellos gente de clase media, de lo que en México se denomina "gente decente".

La llegada de María al mundo tuvo lugar el día 8 del mes de abril. En lo que no hay una total seguridad es en el año en que esto ocurrió, ya que algunos de los que han escrito sobre ella no se ponen de acuerdo en esto, por ejemplo, Henry Burdin que escribió *La Mexicaine* en París en 1982, dice que ella tenía quince años cuando nació su único hijo Enrique; como a su vez el niño nació en 1934, esto daría como resultado que ella habría nacido en 1921. En cambio, Taibo dice que en el acta de nacimiento que él vio, se indicaba que el año era 1914 y otros más acotan que el año de nacimiento de la estrella fue el de 1911.

La verdad es que María es una mujer sin edad, lo ha sido siempre. Han habido etapas en su vida en que se ha visto un tanto envejecida y súbitamente reaparece más joven y más bella. Así que dejemos que el verdadero año de su nacimiento sea un secreto que pertenezca sólo a ella.

María de los Ángeles llegó al seno de una numerosa familia, es la penúltima de 16 hijos que engendraron sus padres, gente buena y amable.

Del álbum familiar

María a los cinco meses de edad.

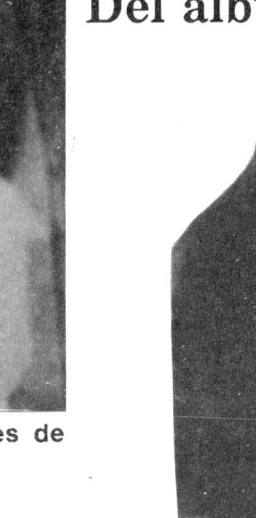

En la frescura de sus 16 abriles.

Sensualidad en su mirada juvenil.

Los once hermanos Félix. María es la cuarta de derecha a izquierda.

De su padre se cuenta una anécdota que lo pinta de cuerpo entero. Resulta que iban a arreglar la casa y se remozaría la fachada. Entonces el señor Félix atravesó la calle y fue a hablar con su vecino. Cuando éste salió a atenderlo, el señor Félix le preguntó:

—Dígame, ¿de qué color le gustaría que yo pintara la fachada de mi casa?

El vecino muy sorprendido le contestó:

—A mí me da igual, píntela del color que usted quiera.

Entonces el señor Félix le dijo:

—Pero el que la va a estar viendo es usted. Yo voy a estar adentro y no la veré, en cambio desde aquí usted la tendrá que estar viendo todo el tiempo y será mejor que sea de un color que a usted le guste.

El vecino debe haber quedado muy agradecido, pues en realidad debe ser muy desagradable estar viendo un color que a uno no le gusta.

Cuando María era todavía muy pequeña sus padres decidieron cambiar su residencia a Guadalajara, ciudad mucho más grande e importante que Álamos, donde sus padres, sin duda, pretendían buscar mejores horizontes para sus hijos. Ella crece en Guadalajara y a los quince años llega a ser Reina del Carnaval. Este hecho representa el primer reconocimiento a su belleza.

Por aquél entonces ella tenía un novio que pertenecía a una familia importante y era además bien aceptado por la familia de María y él se oponía a que ella aceptara esa especie de exhibición pública. Pero María sí quería participar en el evento y termina con el novio; demostrando con ello que es una mujer decidida que sabe lo que quiere y que no permite que le pongan trabas.

Posteriormente conoce a Enrique Álvarez, hijo también de buena familia, y después de un corto noviazgo se casa con él. Viven en Guadalajara, donde su marido vende productos de belleza, viajando además por algunos estados de la República.

El 6 de abril de 1934, le llega como regalo de cumpleaños (por sólo dos días de diferencia), su primer y único hijo, Enrique Álvarez Félix.

Sin embargo, no es feliz en su matrimonio. El señor Alvarez era muy celoso y no la dejaba ni asomar la nariz fuera de su casa. María, que era tan inquieta y se había prometido a sí misma tantas cosas, se asfixiaba materialmente en aquella situación. Una amiga mía, que siempre vivió en Guadalajara y que dice haberlos conocido, cuenta que durante una de sus muchas riñas, el marido esperó a que estuviera dormida para tusarle el pelo y dejarla casi al rape para que no saliera a la calle.

Del álbum familiar

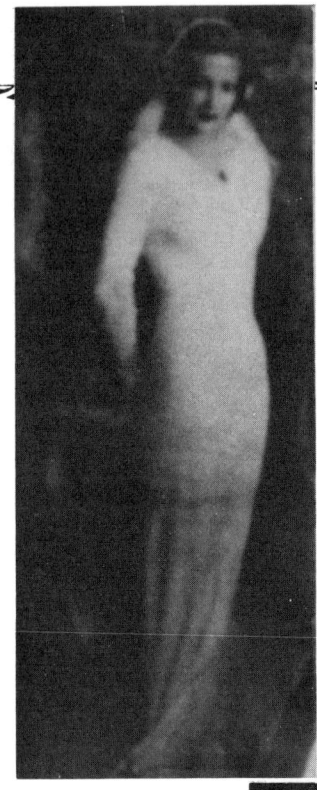

El día de su primera boda con el padre de Enrique. Fue una novia muy atractiva.

María y su primer esposo Enrique Álvarez fotografiados poco después de la ceremonia nupcial.

Aquella situación resultó tan violenta e insoportable que un día María resolvió terminar con el matrimonio y abandonar Guadalajara y al marido; éste, que ya se las había olido, se roba al hijo de ambos, al que dice que va a llevar a pasear, y lo deja al cuidado de su familia.

—Ahora puedes más que yo, le dice al marido antes de partir a la capital; pero un día podré yo más que tú y te quitaré a mi hijo.

María, sola, se aventura hacia el Distrito Federal para abrirse camino.

Aquí encuentra trabajo con un médico cirujano plástico, quien con muy poca ética la usa como publicidad, diciéndole a las mujeres que acudían a verlo que él había operado la nariz de María, su barba, sus senos, su cintura (estas mentiras fueron las que dieron pie para lo que hasta ahora se dice de que para tener una cintura tan pequeña se quitó las últimas costillas de cada lado), y claro, todas esas mujeres se sometían a las operaciones pensando que con ellas haría las mismas maravillas. Alguna vez, María comentó que no le importaba lo que el deshonesto médico decía porque le pagaba muy bien y esto le permitía vestirse como a ella le gustaba y poder enviarle juguetes a su hijo. Enrique mismo ha contado que cuando su mamá iba a visitarlo le llevaba muchos regalos.

Un día en que ella andaba de compras, estaba parada frente a un aparador de *High Life*, en la esquina de Madero y Gante, cuando se le acercó un hombre y le dijo:

—Es usted una mujer muy bella, ¿le gustaría trabajar en el cine?

María lo miró incrédula. Pensó quizás que era sólo un pretexto para abordarla y trabar conversación con ella, pero el hombre insistió:

—No piense que estoy tratando de engañarla. Soy director de cine y si usted acepta puedo ayudarla para que haga películas.

Este hombre era el ingeniero Fernando Palacios, quien en efecto había dirigido una película titulada "Hambre" que pasó sin pena ni gloria, pero que estaba más o menos bien relacionado con las gentes de la industria cinematográfica.

Como todos sabemos María aceptó y se sometió al tutelaje del ingeniero Palacios quien la preparó durante dos años y por fin en 1942 firma su primer contrato con Producciones Grovas, S.A., para intervenir en su primera película.

Del álbum familiar

PAGINA 8—C

Señorita María Félix, reina del Carnaval de 1930 en la ciudad de Guadalajara. Nació en Alamos, Son., en 1913, y desde muy joven se trasladó a esta capital, para después dedicarse como actriz al cine. Esta foto pertenece al Album de Bellezas Tapatías. Carnaval 1931, editado por los señores J. Emilio Pedroza y Silvio de Mendoza.

Facsimilar de una noticia aparecida en "Excélsior".

II
Su llegada al cine

Esa primera película sería "El Peñón de las Ánimas" y en ella llevaría como galán al más guapo de todos los que he conocido: Jorge Negrete, quien, además, en ese momento era el ídolo indiscutible de México.

Para fortuna mía, Jorge y su familia vivían enfrente de mi casa, en la Avenida Coyoacán de la Colonia del Valle. Teresa, su hermana menor, era mi amiga inseparable, aunque yo he querido mucho a toda la familia: David, Chelo, Emilita y un primo que vivía con ellos y que era como un hermano más: Jesús Moreno hijo de un hermano de doña Emilia, la madre de Jorge. Ella y don David me querían mucho; yo me la pasaba metida en casa de los Negrete porque los quería mucho y obviamente para estar cerca de Jorge.

Recuerdo que un día a la hora de la comida, cuando él estaba filmando "El Peñón de las Ánimas", llegó muy alterado a su casa; su padre le preguntó:

—Qué te pasa hijo, ¿por qué estás tan molesto?

A manera de respuesta a su padre, Jorge dijo, mirándome a mí:

—Estoy haciendo una película con una vieja que se parece a ti hasta en el genio...

(Parece que tengo fama de tener mal genio.) Y, volviéndose a su padre continuó:

—Esa tipa es insoportable, de todo protesta, todo se vuelve gritos, y para colmo, hoy me quitó el trailer en que me visto. Armó drama diciendo que ella lo necesitaba más que yo y el productor me rogó que se lo cediera, que van a encargar otro para mí. Ya no la soporto.

Durante la filmación de toda la película se pelearon sin parar. Después del éxito de las películas que había filmado con Gloria Marín, Jorge quería que en esta película ella lo acompañara nuevamente; porque era una historia muy buena y la Marín era su amor en la vida real, pero Producciones Grovas y Miguel Zacarías insistieron en que fuera María la que llevara el estelar femenino.

Por otra parte, también entre Zacarías y María existieron broncas fenomenales, pero él sabía que ella tenía un enorme potencial para convertirse en una estrella de gran arrastre, y como jamás cedió a sus imposiciones y caprichos, acabó por controlarla.

Yo, personalmente, pienso que —y ésta es mi propia opinión y sólo María sabe si estoy en lo cierto— ella creyó que a las primeras de cambio iba a conquistar a Jorge y como él no se enamoró de ella, por estarlo ya en ese momento de Gloria, esto motivó que se disgustara y lo agrediera.

En esa película trabajaron también, como en muchas otras de Jorge, cancioneros que formaban el Trío los Calaveras, uno de los cuales era Raúl Prado. Raúl fue siempre un hombre tranquilo, sonriente, agradable, y María se enamoró de él y se casaron, pero Raúl estaba muy lejos de ser una pareja para ella, aunque todavía no fuera famosa ni rica. Por supuesto el matrimonio duró muy poco.

En cuanto se estrenó la película, que fue un gran éxito, la estrella causó revuelo. Ya desde entonces se formaron dos legiones irreconciliables que persisten hasta ahora, la que está formada por quienes la quieren y la admiran (los más) y los que no la quieren y critican. Esto sucede siempre con las personalidades muy fuertes, como lo fue el mismo Jorge Negrete y lo es todavía el polémico Frank Sinatra. No hay punto medio: o los adoran o no los soportan.

Casi inmediatamente después de su primera película, María firma el contrato para la segunda que se llamó "María Eugenia", que filmó al lado de mi primo Rafael Baledón, que estaba guapísimo. Con esta película se suscitó un gran escándalo que le dio a María mucha publicidad. En una escena ella aparecía en traje de baño; un traje de baño blanco que algún fotógrafo vivales retocó de tal manera que lo hizo desaparecer. La foto que circuló por todo México mostraba a una María desnuda, y esto en la sociedad pudorosa del México de 1942 era algo inconcebible. Todos los periódicos y revistas publicaron la fotografía alterada y la estrella guardó un cómplice silencio que le redituó una enorme publicidad.

Jorge Negrete vestido de "charro cantor", como le llama María.

De izquierda a derecha: Cesáreo González, Frida Kahlo, Armando Valdés Peza, Enrique Álvarez Félix adolescente, Diego Rivera.

III
Su llegada a la fama

Por esta época, la vida de María tiene para ella triunfos muy importantes. En lo personal va a encontrarse con un hombre al que según sus propias palabras había admirado siempre muchísimo: Agustín Lara; y va a recuperar a su hijo, y en lo artístico va a encontrar al personaje que la marcará para siempre: Doña Bárbara.

Se ha dicho que María ha confesado en varias ocasiones que desde niña, en Sonora, ya admiraba a Agustín Lara y a su música; así que ahora, ya convertida en una estrella de cine conocida, siente que está en posibilidad de alternar con él. Agustín, perenne enamorado de la mujer, no podía menos que admirar a María y en estas condiciones se encuentran "el músico poeta" y "la mujer más bella del mundo". Este título todavía no le era conferido, pero en poco tiempo se lo darían.

Por supuesto el matrimonio fue una bomba; dos de los personajes más famosos del país se casaban. Todos los periódicos y las revistas hablaban de ello. En plena Segunda Guerra Mundial ellos acaparaban titulares.

Ya casada con Agustín, María planea junto con él ir a Jalisco, a una pequeña población llamada Ajijic, a buscar a su hijo. Como el niño le había escrito diciéndole que su padre lo había amenazado con enviarlo de interno a un colegio en San Luis Potosí, ella decide que es el momento de ir por él. El rapto fue espectacular. Agustín con un coche en marcha esperaba fuera de la casa mientras ella entró a "visitar" al niño y lo sacó para llevarlo a dar un paseo que dura todavía.

María adora a su hijo, a su modo, naturalmente, como amamos todos y cada uno de nosotros, cada quien a su modo, pues nadie puede amar en la misma forma que ama el otro.

Y como ya antes dije, María encuentra al personaje que la lanzará a la fama en forma total: Doña Bárbara. Esta película ya estaba planeada para que la interpretara Isabela Corona, estupenda actriz, pero carente de un físico impresionante como lo requería el personaje creado por Rómulo Gallegos. Esa mujerona del Arauca, un tanto hombruna, o mejor dicho no muy femenina, pero muy bella, imponente; esa mujer no encajaba en el físico de Isabela Corona.

Cierto que María nunca ha sido una gran actriz, pero no le ha hecho falta; es la típica estrella. En la cinematografía de todo el mundo han existido y existirán por siempre los "actores" y las "estrellas", que son dos cosas distintas, pero ambas muy importantes en el mundo de la fantasía y de la magia que es el cine.

Entre María y la "Doña Bárbara" de Rómulo Gallegos ocurrió una simbiosis. Personaje e intérprete se volvieron un solo ser. Quizá María fue desde siempre "Doña Bárbara", o quizá sin saberlo, Rómulo Gallegos escribió su personaje para una mujer que ya existía y que sería la encarnación perfecta de la heroína que él imaginó.

María desde niña tuvo mucho carácter. Fue rebelde y valiente. Jugaba más con sus hermanos hombres trepando árboles y montando caballos, que con sus hermanas; nunca le agradó jugar con muñecas. Así, al interpretar a "Doña Bárbara", descubre su propia fuerza; se apoya como nunca en su belleza —su belleza al natural, sin trapos ni oropeles— y ya a todo lo largo de su carrera no va a desprenderse de su actitud fuerte, desafiante, fría y provocativa al mismo tiempo.

La fama, en serio, llega a María con "Doña Bárbara". Sus dos películas anteriores sólo sirvieron para presentarla, para que el público empezara a familiarizarse con su presencia y aunque "El Peñón de las Ánimas" fue una buena película que continúa vigente, sigue siendo muy bella, María no puede ahí impactar como la gran estrella porque hay otra gran estrella frente a ella que brilla aún más: Jorge Negrete.

Pero a pesar de que "Doña Bárbara" es una película que no ha resistido el paso del tiempo, en su momento fue considerada como superproducción y para María resultó espléndida pues la colocó en primerísimo lugar entre las bellas (que había muchas) de nuestra cinematografía.

En una revista de la época llamada *Novelas de la Pantalla*, se publicó una entrevista que le hicieron a Gloria Marín, y ésta hizo unas declaraciones que demuestran a las claras los celos que sentía por la sonorense; declaraba Gloria:

Durante el estreno de una de sus películas en medio de Armando Valdés Peza y Agustín Lara.

La gente decía en tono de burla: "De cuerpo y de cara es mucho mejor María Félix que Agustín Lara".

De izquierda a derecha: Julián Soler, María, Emilio Fernández y Marta Elba Fombellida.

—Yo no soy de Sonora, pero hablo sonoramente; no soy tan alta, pero cuando salgo a la calle levanto altas olas de silbidos de admiración. Si me preguntan, diré que la señora Félix no tiene ni sombra de estilo para hablar ni para caminar. (Se debe haber mordido la lengua, pues ella hablaba muy feo, muy tipludo.)

Como la Marín, hubo otras compañeras que atacaron a María y la verdad es que ella tuvo el buen gusto de no contestar esos ataques. Asimismo, a lo largo de toda su carrera ha sido muy discreta con relación a su familia; muy rara vez habla de ellos y nunca los ha involucrado en su vida pública o en su discutida vida sentimental.

A partir de "Doña Bárbara", las películas fueron escritas para María, como si se tratara de trajes hechos a su medida: "La Mujer sin Alma", "La Devoradora", "La Mujer de Todos", la otra doña: "Doña Diabla", "Camelia", "La Escondida", "La Generala", "Juana Gallo", son personajes con las características de ella misma. Aun las películas que hizo en otros países concuerdan con la personalidad de la intérprete.

Cuando estaba filmando "Las Mujer de Todos", tuvo una irritación en la piel debajo de uno de sus brazos; la atendió el doctor Gabriel Araujo, quien estaba casado con mi tía Carmen Paullada. Ellos vivían en la calle de Horacio, en Polanco, a la vuelta de la calle en que vivían María y Agustín. El doctor Araujo era pariente de Agustín, no sé en qué grado era el parentesco, pero éste existía. Agustín siempre dijo que era nativo de Tlacotalpan, Veracruz, pero según mi tío Gabriel, en realidad había nacido en Guanajuato, como él mismo.

Fue en esa época, porque mi tío así me lo contó, que María trataba de educar a Enrique de acuerdo con lo que ella consideraba una buena educación y siendo él un chico rebelde y caprichudo, le daba unas cuerizas terribles. Mi tío Gabriel, según su versión, la aconsejaba que no le pegara tanto porque esto lo haría más rebelde aún.

Finalmente, fue ella la que decidió enviarlo de interno a un colegio en Canadá.

Los internados en el extranjero son para algunos niños como un sueño, una gran ilusión; en cambio para otros son un castigo horrible que los hace sufrir terriblemente. A mí, en lo personal, me hubiera fascinado que mis padres (que no podían hacerlo por falta de recursos económicos) me hubieran enviado a estudiar a Suiza; pero Enrique era de los otros niños, de los que no quieren irse y creo que él sufrió mucho con la separación de su madre.

El matrimonio con Agustín Lara duró aproximadamente seis años. Durante ese tiempo el músico poeta le hizo una docena de canciones muy bellas: "Humo en los Ojos", "Palabras de Mujer", etcétera, pero la más conocida es, por supuesto, "María Bonita".

En 1947, cuando ella filmaba "Río Escondido", tuvo que rodar algunas escenas en Palacio Nacional, pues se suponía que la valerosa maestra rural que ella encarnaba en la película, iba a visitar al Presidente de la República.

En ese momento, yo era la secretaria particular de don Oscar Rabasa (padre de nuestro canciller Emilio Rabasa, durante el periodo del licenciado Luis Echeverría), quien era el Director Jurídico y Consultivo de la Secretaría de Hacienda y Crédito Público.

Esa mañana, una de mis compañeras entró a mi privado y me dijo:

—Ven, vamos al patio central, ahí está María Félix filmando con el Indio Fernández. Ni qué decir que la seguí encantada.

María estaba en su silla, en un descanso del rodaje, y a su lado estaba Emilio Fernández, a quien yo había conocido en casa de los Negrete. Al acercarme, Emilio se levantó, me saludó y me presentó con la señora Félix. Ésa fue la primera vez que estuve frente a ella, y a lo largo de nuestras vidas nos hemos vuelto a encontrar algunas veces más.

En 1948, cuando María estaba filmando "Maclovia", otra de sus películas por la que fue furiosamente atacada (era una indígena con cara de escultura griega), al lado de Pedro Armendáriz, apareció en su vida un hombre de gran personalidad, importante en el México de esa época, y de grandes "recursos" en varios sentidos de la palabra. Ese hombre se llamaba Jorge Pasquel. Él fue el primero que le hizo regalos espectaculares, entre ellos, un juego de enormes esmeraldas que se decía habían pertenecido a la diva del cine mudo Gloria Swanson, mismas que le habían sido regaladas por Joseph Kennedy, padre de John F. Kennedy, Presidente de los Estados Unidos.

Agustín no le dio grandes joyas a María. Se habló mucho de una gran aguamarina montada sobre acero de un cañón, que él le obsequió a su musa. Sin embargo, sí le hizo regalos costosos, pues, existe una anécdota que oí relatar al propio Agustín, en relación a un abrigo de mink que le ragaló a María en una Navidad, según lo cual, los dos iban juntos en el coche camino al teatro —o quizá regresando del teatro— en una noche en que hacía mucho frío. En la calle vieron a una "mariposilla" que parecía no tener una vestimenta adecuada para el clima, y en un arranque de generosidad (no muy frecuente en ella), María le pidio a su marido que detuviera el coche, se bajó y le regaló el abrigo a la pobre mujer.

Volviendo a "Maclovia", mientras María filmaba en Janitzio, Jorge Pasquel le enviaba todos los días en su avión particular la comida especial que ella acostumbraba comer.

De izquierda a derecha: Ariadne Welter, Miguel Alemán Velasco, Sonia Furió, María y Luis Buñuel.

Sonia Furió, María, Luis Buñuel, Jeanne Buñuel, Gabriel Figueroa y Jean Sirol.

Bertha Pasquel, hermana del magnate, y muy amiga de María Luisa Infante, la esposa de Pedro (ambos muy amigos míos y de toda la familia), nos contó un día, durante la sobremesa que Jorge había enviado a María un telegrama desde África, donde se encontraba participando en un safari, pidiéndole textualmente: "Concédeme la dicha de ser tu esposo". Lo que no nos comentó fue lo que contestó María.

También me contó Bertha, con un dejo de molestia en su voz, que durante un viaje que su hermano y la estrella había hecho a Nueva York unas semanas atrás, él había cerrado "Saks, Fifth Avenue", para que ella pudiera comprar lo que deseara sin que nadie la molestara.

Además de estas extravagancias, se contaban por todo México varios chistes a costa de la pareja. A él lo llamaban "el ahuehuete milenario", un juego de palabras para designar a un supuesto alcahuete millonario que era la pantalla para ocultar un inexistente romance entre la bella María y el presidente Miguel Alemán; pero nada más falso, pues el que en verdad se "comía el pastel" era el propio Pasquel.

Otro chiste era: "¿Ya sabes que la gata Félix se comió al ratón Miguelito?", pero en la realidad al ratón Miguelito se lo comía una bella brasileña (Leonora Amar), estrellita de segunda, que amenazaba a quien no la atendiera como ella quería:

—¡Ya verás, te voy a acusar con mi novio!

Después de divorciarse de Agustín, aparte del romance con Pasquel, a María le inventaron otros muchos que ella ignoró; en esta situación se le presentó una espléndida oportunidad; recibió una proposición para ir a filmar a España "Mare Nostrum", versión basada en la novela de Vicente Blasco Ibáñez, nada menos que junto al gran actor español Fernando Rey.

María y Jorge, una pareja que México admiraba.

María y Dolores del Río custodiadas por Jaime Fernández.

Con el compadre de su marido Agustín, Pedro Vargas.

Con Diego Rivera, el gran pintor, ya muy enfermo.

IV
Su llegada a la internacionalización

Lo más valioso de "Mare Nostrum" (en cuanto a María) es la última escena cuando la espía "Freya", el personaje interpretado por ella, va a ser fusilada, se viste con sus mejores ropas, se engalana con sus joya y dice:
—"Como todo soldado, debo morir con el uniforme puesto".

¿Habrá pensado en ese momento en Greta Garbo, cuando ésta interpretó a "Mata Hari"?

En alguna ocasión, María declaró en una entrevista que a las únicas estrellas del cine internacional que ella admiraba eran Greta Garbo y Marlene Dietrich; y cosa curiosa, con la sueca comparte dos personajes paralelos: Freya y Mata Hari y otro que es el mismo de: "Camelia", sólo que la versión de María es una Margarita a la mexicana-española. Con la alemana comparte también dos personajes similares: la Lola-Lola del "Ángel Azul" y la "Mujer sin Alma". En ambas cintas ellas destruyen lentamente la masculinidad de sus compañeros de película; y la Beatriz Peñafiel de "Enamorada" y la mujer interpretada por la Dietrich en "Marruecos"; en ambas cintas las heroínas, al final, abandonan al hombre rico y se van caminando lentamente detrás del hombre que aman.

María coincide también con las dos grandes estrellas en la elegancia. Sin duda ella ha sido la mujer más elegante del cine hispano-parlante, incluyendo a la bellísima Dolores del Río, y al entrar en contacto con los grandes modistos europeos esta cualidad se acentuó.

Es indudable que María es una mujer de una voluntad férrea, que ha sabido superarse constantemente. Al principio de su carrera, como podemos ver en "El Peñón de las Ánimas", ella caminaba en una forma curiosa, como oriental, dando saltitos; con el tiempo su andar se hizo más elástico y armonioso. De igual manera fue educando su voz, algunos dicen que era tartamuda (quién sabe), lo cierto es que se nota en sus películas cómo fue controlándola; aunque es verdad que hay ocasiones en que grita de manera destemplada.

Después de "Mare Nostrum", María filmó para la misma productora, Suevia Films, "Una Mujer Cualquiera", "La Noche del Sábado", y "La Corona Negra". La mujer y la estrella crecieron enormemente con esta experiencia europea.

De España pasó a Italia, donde filmó "Mesalina" y "Hechizo Trágico". La primera, sobre todo, fue el intento de una gran superproducción que resultó mala, pero espectacular.

En todas estas películas María alternó con los grandes actores europeos de la época como: Fernando Rey, Antonio Vilar, Rafael Durán, Rossano Brazzi, Vittorio Gassmann, Georges Marchal, Charles Vanel; todos ellos grandes actores y primerísimas figuras del cine europeo.

Como siempre, su vida privada se ventilaba en todas las revistas especializadas y se le atribuían romances con importantes personajes tanto de la industria fílmica: Cesáreo González; como del Jet-Set: Alí-Khan (ex de Rita Hayworth). Recuerdo haber leído en una revista francesa que este le había regalado un cinturón de brillantes. ¿Sería?

En 1951, después de terminada la filmación de "Hechizo Trágico", María recibió la oferta para ir a rodar en Argentina "La Pasión Desnuda", bajo la dirección de Luis César Amadori, el principal realizador argentino, llevando como galán a uno muy popular en su país: Carlos Thompson.

Cuando llega María a la Argentina, precedida de enorme fama, no sólo es la máxima figura del cine mexicano sino que ha realizado en Europa películas espectaculares. Si éstas fueron de gran calidad artística o no, eso lo calificaron los críticos en su momento, pero lo que es indudable es que fueron importantes vehículos para que ella convirtiera en realidad una frase que dijo al partir hacia el extranjero:

—¡Volveré a casa más famosa que cuando salí!

En Argentina conoció dos personajes que formarían parte importante de su vida personal.

La más importante, sin duda, fue Eva Perón. Con esta polémica mujer, adorada y odiada como ella misma, va a entablar una amistad, que según le hemos escuchado a la misma María, fue bastante auténtica y profunda.

Dos mujeres excepcionales sin lugar a dudas. Con una voluntad indomable, con una enorme habilidad para proyectar su persona y con una

María abraza cariñosa a su mamá.

Gerard Philippe y María. El actor murió meses después.

determinación de acero para lograr sus metas; forjadoras de sus propios mitos.

Dos mujeres muy bellas, inteligentes, elegantes y ambas hijas de la clase media de sus respectivos países. La familia de María unida dentro de la ley, no así la de Eva, y que aunque de niñas no conocieron la abundancia, llegaron a ser dueñas de fortunas y alhajas con las que no soñaron ni en los momentos más alucinantes de su adolescencia. Ambas llegaron a ser internacionalmente famosas. Eva sólo disfrutó el fabuloso resultado de su inteligencia y audacia durante algunos años. María, más afortunada, sigue disfrutándolo.

El otro personaje que por poco se convierte en su cuarto marido fue el galán con que filmaría su única película argentina: Carlos Thompson. Él era un hombre muy guapo, estrella importante del cine Argentino. Alto, rubio, de ascendencia germana y reconocido como un Donjuán. Pero "La mujer más bella del mundo" llega y atrapa al Donjuán y mientras filman "La Pasión Desnuda," anuncian su boda, la cual iba a efectuarse al terminar el rodaje de la película cuando llegara su hijo Enrique a la Argentina para que pudiera estar presente en el acontecimiento.

Como muchas otras películas de María, "La Pasión Desnuda" se proyecta para que sea algo extraordinario y el resultado es fallido; lo que no impide que sea un éxito de taquilla y dé una gran publicidad a sus intérpretes.

Intempestivamente, María anuncia que regresa a México. Ella misma ha contado que Eva Perón, ya muy enferma, le pidió que se quedara un poco más, sin embargo, sus razones tendría para no complacer los deseos de la importante dama.

La prensa dijo que Carlos Thompson se reuniría posteriormente con María en México y que la boda se celebraría en el país de la novia.

Como todos sabemos esa boda jamás se realizó. María se casaría con su antiguo enemigo y Carlos Thompson lo haría con la gran actriz Lily Palmer, que antes estuvo casada con Rex Harrison.

Carlos Thompson hizo algunas películas de relativo éxito en Hollywood, pero sus trabajos más importantes los realizó cuando se estableció definitivamente en Alemania.

Carlos Thompson y María.

Ernesto Alonso y María.

V
Su llegada, nuevamente, a México

En 1950, Teresa Negrete, mi querida amiga, la hermana más joven de Jorge Negrete, me llamó (las dos ya estábamos casadas y no podíamos vernos con tanta frecuencia) y me dijo que Jorge quería que me fuera a trabajar con él a una nueva compañía productora de películas que había formado con algunos socios, entre ellos el licenciado Miguel Alemán Velasco, quien entonces era sumamente joven. La compañía se llamaba "Cinematográfica Tele-Voz" (el licenciado Alemán poseía una revista llamada Voz), y tenía unas oficinas muy elegantes en la Av. Reforma, muy cerca de la estatua de Cuauhtémoc.

Esta compañía realizó películas muy importantes y de gran calidad, entre las que cuentan: "Cuando Levanta la Niebla", con Arturo de Córdova y Ma. Elena Marqués; "Dos Tipos de Cuidado", con Jorge y Pedro Infante; "Tal para Cual", con Jorge y Luis Aguilar; dos cortometrajes para EE.UU. con Gloria Swanson, Charles Korvin, y Philip Terry (exmarido de Joan Crawford) así como las dos últimas películas de Jorge que filmó junto a María, "Reportaje" y "El Rapto".

En 1952 existían en la vida de Jorge varios conflictos. En la ANDA (el amor de sus amores) había algunos problemas serios y en su vida privada una gran decepción con Gloria Marín (su otro amor durante once años). Ésta filmó precisamente para Tele-Voz una película con Abel Salazar e inició un romance con él. Para Jorge fue un fuerte golpe, pues la señora esa que nunca mereció su amor, lo defraudó de fea manera. Incluso en los corrillos cinematográficos se decía que Gloria "había cambiado cebada por cagada".

Un día como a las dos de la tarde, estábamos en la oficina de la Secretaría General de la ANDA, Jorge, el licenciado Rodolfo Landa (Echeverría), entonces Secretario del Interior y yo. La oficina era muy amplia (ahora ya no está ubicada en donde se encontraba entonces); el escritorio de Jorge estaba al fondo, su sillón daba contra la pared junto a una vitrina que contenía las banderas de nuestro país y de la ANDA; el sillón del licenciado Landa junto a un ventanal que estaba al lado izquierdo, y el mío frente al del licenciado Landa junto a la pared del lado derecho. Ese día entró a la oficina Víctor Junco, que era entonces Secretario del Trabajo, saludó y se sentó en una silla frente al escritorio de Jorge, y le dijo:

—Mañana llega María Félix de la Argentina y voy a ir a recibirla al aeropuerto...

—Bueno, me parece muy bien, le contestó Jorge.

—Pero, ¿sabes?, quiero decirle que la Asociación le ofrecerá una fiesta de bienvenida...

Jorge se revolvió en su sillón y dijo:

—¿Qué, pero, por qué...?

—Porque se lo merece. María ha triunfado en el extranjero y creo que debemos darle una calurosa bienvenida...

—Perdóname, pero ella no es la única que lo ha hecho. Dolores del Río, Pedro Armendáriz, Arturo de Córdova, y yo mismo, hemos hecho películas de éxito en el cine de otros países y nadie nos dio nunca fiestas de bienvenida. Además, no creo que el dinero de las cuotas de nuestros compañeros deba gastarse en fiestecitas.

—Está bien, Jorge, si yo como Secretario del Trabajo de nuestra Asociación, no puedo tomar una decisión como ésta te presento mi renuncia...

—Víctor, por favor, no tomes esa actitud. No debes mezclar una cosa con otra. Tu amistad y afecto por esa compañera es una y tu función sindical muy otra.

Los dos estaban alterados. Siempre fueron muy buenos amigos y me consta cuánto se querían. Viendo que la situación podría tornarse desagradable, el licenciado Landa intervino.

—Señor Negrete (el licenciado Landa siempre le habló de usted a Jorge) permítame, yo pienso que la compañera Félix sí ha realizado una buena labor fuera de nuestro país y que merece un reconocimiento por parte de sus compañeros y de su Asociación.

Jorge movió la cabeza con un poco de fastidio y dijo:

—Está bien. Está bien. Ve a recibir a tu amiga y ofrécele su fiesta.

—Bueno, dijo Víctor, pero por supuesto tú también asistirás a ella, ¿verdad?

El rostro de su segunda época. 1955.

Miguel Alemán Velasco y María.

—No, eso sí que no. Tú sabes que no me siento bien, ni tengo humor para festejos.

Aquí volvió a intervenir el licenciado Landa.

—Señor Negrete, si la ANDA le va a dar la bienvenida a una compañera y usted no está presente, es un desaire muy feo. Usted es la cabeza de esta Asociación, por lo tanto si no desea quedarse mucho tiempo, por lo menos esté presente cuando se le dé la bienvenida.

Yo había estado absolutamente muda. Fingía revisar y acomodar papeles. No me gustaba ver a Jorge tan molesto.

Después de un rato, Jorge volvió a decir:

—Está bien, y dirigiéndose a mí continuó, ¿tú me quieres acompañar?

Levanté la cabeza y respondí:

—Encantada, por mí iré encantada.

Al día siguiente Víctor Junco fue a recibir a María en representación de la ANDA y le dijo que la Asociación le daría una fiesta de bienvenida.

María se hospedó en el Hotel Regis (el que desgraciadamente perdimos en 1985), por lo que la famosa fiesta se efectuaría en el Club Nocturno "Capri" que se encontraba dentro del mismo hotel.

En la mañana del día en que se iba a realizar el festejo, Jorge me dijo:

—Yo paso a buscarte a tu casa a las cinco de la tarde.

Saliendo de la oficina, me fui al Salón de Belleza a peinarme. Cuando llegué a mi casa para vestirme y prepararme mi madre me informó:

—Hija, hace un rato te llamó Jorge. Dijo que no podrá pasar por tí. Que te recogerá el licenciado Landa.

En efecto, el licenciado Landa y su bella esposa Avelita pasaron a recogerme.

Dejamos el coche en un estacionamiento que estaba en una calle atrás del Hotel Regis, y nos encaminamos hacia la puerta del "Capri". En el momento en que llegábamos lo hacía también Julián Soler, que iba solo. Entonces él me tomó del brazo y entramos detrás del licenciado Landa y su esposa. Mientras subíamos la estrecha escalera de caracol que llevaba de la entrada al primer piso donde estaba el "Capri", escuchábamos la voz de Jorge que cantaba "Ella", la hermosa canción de José Alfredo Jiménez.

Al entrar al salón, que se encontraba poco iluminado como todos los centros nocturnos, buscamos con los ojos medio cegatos, la mesa principal donde se encontraría la invitada, los ejecutivos de la ANDA y los otros invitados especiales. Para entonces, Jorge ya había terminado de cantar, pero no lo veíamos y es que "la Doña", para agradecerle la canción, lo estaba abrazando en una forma que materialmente lo envolvía y no se veía.

Recuerdo que le comenté a Julián:

—¡Hombre al agua!

¡Y así fue! toda la fiesta se la pasaron uno junto al otro, y muy agarraditos de la mano fueron mesa por mesa a saludar a sus compañeros e invitados. Así llegaron hasta nuestra mesa. María tenía un gran afecto por los hermanos Soler, en especial por Julián. En esta ocasión Jorge volvió a presentármela. Ella vestía un hermoso traje de encaje negro strapless y se veía feliz y radiante; Jorge también.

Esa noche empezó el romance que culminaría con su boda, que se efectuaría el 18 de octubre de 1952.

Curiosamente, ese mismo día se casaron mi hermana Lupe y mi cuñado Guillermo. La boda de mi hermana se llevó a cabo en la Iglesia de "La Coronación", dos horas antes que la de Jorge y María, que se realizaría en los Jardines de Catipoato.

En cuanto terminó la boda de mi hermana, mi otra hermana, Edelmira y yo nos fuimos volando a Catipoato para estar presentes en la otra boda.

María vestía un traje de manta color rosa mexicano como los que usó en "Enamorada", diseñado y confeccionado por su amigo Armando Valdés Peza, Jorge, por supuesto portaba un traje de charro de lujo, color negro, con bellísima botonadura de plata.

Para esta boda, la madre de María, doña Josefa Güereña Vda. de Félix, le regaló a su hija un bello rosario que ella había llevado el día de su boda con el padre de la novia, que se casaba por cuarta vez.

Le tout Mexique estaba presente. Actores, directores, pintores, escritores, amigos famosos y no famosos, así como miembros de las familias de los contrayentes.

Mi hermana y yo compartimos una mesa con Emilio Fernández y Columba Domínguez. Sin embargo, no nos quedamos mucho tiempo, pues teníamos que volver a la recepción que se ofreció después de la boda de mi hermana Lupe.

Cuando María regresó a México, una señora llamada Mimí Mendiolea trataba de vender en representación de algún joyero o de algún personaje que no deseaba ser identificado, un juego de collar y aretes de esmeraldas en forma de almendras y brillantes, que según se decía había sido confeccionado con gemas que pertenecieron a la diadema de la esposa del Kaiser de Alemania.

Con el gran diestro Manolo Martínez.

La señora Mendiolea lo había ofrecido ya a otras dos estrellas del cine mexicano. El rumor decía que se trataba de Ninón Sevilla y de Marga López. Las dos estrellas tenían novios productores, muy importantes y ricos. Pero era María la que lo tenía "a vistas", cuando Jorge le pidió que se casara con él, y se lo ofreció como regalo de bodas.

Cuando Jorge adquirió el compromiso de pagar el collar, que por supuesto tenía un precio en dólares, el billete verde estaba (más o menos) a $4.80 pesos mexicanos por cada dólar; pero a los pocos meses hubo una importante devaluación y la moneda americana se disparó a $8.50 pesos mexicanos. Por lo tanto el precio del collar se dobló. Esto causaría un gran problema posteriormente. Como Catipoato seguía en remodelación, Jorge y María rentaron una casa antigua, amueblada espléndidamente, en la calle de Berlín, en la colonia Juárez (ya no existe). A esa casa y después a Catipoato, fui varias veces a llevarle a Jorge documentos que tenía que firmar. Él empezaba a sentirse mal de la enfermedad que lo mataría un año después.

Recuerdo que una noche en que tenía que llevar algunos de esos documentos a firmar, me acompañó Aurora Walker (lindísima persona) porque mi coche estaba en el taller. Cuando llegamos a la casa de Berlín, Jorge estaba en la sala, sentado en un sillón con las piernas cubiertas con una frazada, pues hacía mucho frío, era diciembre. A los pocos minutos, entró María en la habitación, muy bella con una hermosa bata de encaje, llevándole una charola con su cena, la colocó en una mesita que estaba junto al sillón que él ocupaba, y se sentó en el suelo recargando su cabeza contra las rodillas de él, sobre las que revisaba y firmaba los documentos. A mí, eso me pareció amor.

Meses atrás, Jorge había tenido una hepatitis que desgraciadamente no se cuidó. Lo atendió el doctor José Kaim, muy amigo de mi marido. Un día, en la oficina de Jorge, Pepe me dijo:

—Si este señor no se pone en completo reposo no podré hacer nada por él.

Jorge, sonriente, contestó:

—¡Está loco! quiere que me meta en la cama, pero no me duele nada, ni tengo fiebre; en cambio sí tengo mucho trabajo que atender.

Nunca aceptó su enfermedad, ni se atendió como debía y la hepatitis se convirtió en cirrosis. Así, ya muy enfermo, filmó con María un episodio de "Reportaje", película en favor de la Asociación de Periodistas que produjo Tele-Voz. En esta película intervinieron, además de Jorge y María, las grandes estrellas de entonces: Dolores del Río y Arturo de

Jorge Negrete, único astro a la altura de María.

Córdova; Pedro Infante y Carmen Sevilla; Roberto Cañedo y Columba Domínguez, y muchos otros más.

Estando casada con Jorge, María filma también "Camelia" con otro Jorge: Mistral. Con esta cinta María vuelve al cine mexicano donde no hacía una película desde 1949.

Para mí, esta película fue una responsabilidad aparte en cuanto a mi trabajo con Jorge, pues María exigía que su sueldo semanal fuera cubierto en Centenarios y yo tenía que hacerme cargo de que éstos se compraran en los bancos puntualmente para el pago del trabajo de la señora de Negrete. Mi ayudante, Arturo Lugo, era quien personalmente compraba las áureas monedas para entregarlas posteriormente al pagador que las llevaba hasta la señora.

Después, Jorge y María filman la que sería la última película de él: "El Rapto". Esta cinta demandó un gran esfuerzo físico de su parte y aunque él sólo tenía 41 años, en su rostro se notaban ya los estragos ocasionados por su enfermedad.

"Reportaje" se estrenó en el Cine Chapultepec, el 12 de noviembre de 1953. María estaba en París filmando "La Bella Otero", película en la que en la escena final, cuando se supone que está cantando, recargada en un piano de cola, luce el famoso collar de esmeraldas que causaría una tremenda polémica después de la muerte de Jorge.

Como María no estaba en México y Jorge tenía que asistir al estreno de la cinta, pues era para beneficio de los compañeros periodistas, me pidió que lo acompañara al evento. Acepté con gusto y en realidad fuimos Jorge, David —su hermano— mi hermana Edelmira y yo. Al entrar al cine se nos unió Ismael Rodríguez.

Al día siguiente, Jorge salió para Los Ángeles, California, a donde iba a cumplir un contrato para cantar en el Teatro "Million Dollars", del empresario Fank Fauce.

Unos días después de haber llegado a Los Ángeles y mientras asistía a una pelea del "Ratón Macías", en el Forum, se le presentó una fuerte hemorragia (que era el principio del fin) y de ahí fue llevado en una ambulancia al Hospital "Cedros de Líbano" de donde ya no saldría con vida.

Cuando María fue informada de la gravedad de su marido, voló de París a California. Jorge estuvo en estado de coma muchos días, pues como era un hombre joven y muy fuerte, su organismo luchó intensamente —sin ninguna posibilidad de éxito— por sobrevivir.

El 30 de noviembre de 1953, ya en coma, Jorge cumplió 42 años de edad, y el 5 de diciembre murió.

El 6 de diciembre, el presidente de México, don Adolfo Ruíz Cortines, rentó un avión de "American Airlines", para que trajera a su patria el cuerpo de Jorge, junto con su familia: doña Emilia Moreno Vda. de Negrete, su madre; David, su hermano, Consuelo Negrete de Farías, su hermana, y por supuesto su esposa María y el hijo de ella, Enrique.

Durante toda la noche esperamos inútilmente; éramos muchos los que aguardábamos en el aeropuerto "Benito Juárez" la llegada del avión con su triste y querida carga. El primer avión que aterrizó en el aeropuerto que ahora está en operación fue ése. En esa fecha aún no se inauguraba el tráfico aéreo, pues todavía estaba en funcionamiento el otro, el que ahora se usa para aviones privados o de carga. Ese aeropuerto viejo como dato curioso, fue construido en los años treinta por el suegro de mi hermana Edelmira.

A la mañana siguiente, una mañana gris y deprimente, apareció el aparato en el cielo, pero tuvo que sobrevolar la ciudad durante dos horas sin poder aterrizar debido a una espesa niebla. En tierra lo esperaban sus grandes amigos, a muchos de los cuales ayudó siempre con gran afecto, como Pedro Armendáriz, Julián Soler, Crox Alvarado, el compadre Múzquiz, Julio Ahuet y muchos más. Todos esos hombres lloraban como niños por aquel otro hombre.

Del aeropuerto, su cuerpo fue llevado directamente al edificio de la ANDA y la capilla ardiente se instaló en el teatro que hoy lleva su nombre. Ahí estuvo más de 24 horas para que el pueblo que tanto lo amó pudiera despedirse de él. Jorge había sido embalsamado en Los Ángeles y verdaderamente parecía estar dormido, como decía su canción.

El 8 de diciembre de 1953, un poco después del medio día, partió el cortejo fúnebre hacia el Panteón Jardín, donde se encuentra ahora y donde permancerá para siempre en compañía de sus padres y de su hermano David.

A la muerte de Jorge, María fue atacada terriblemente. Durante el velatorio y el entierro de su marido, ella estuvo ataviada con pantalones, prenda que entonces no era tan popular, y esto a la gente le pareció una falta de respeto.

Nuevamente se volvieron a hacer chistes desagradables sobre su persona. Uno que se contaba frecuentemente era:

—¿Ya sabes por qué a María Félix le dicen la viuda "FAB"?

—¡Porque remoja, exprime y tiende!

Lo chistoso es que años después, María hizo un comercial para la televisión anunciando ese detergente, eso fue en 1965, cuando filmó una película muy mala "La Valentina", con un tipo desagradable que le decían el Piporro. (¿Habrá necesitado dinero?)

El escándalo del collar también contribuyó a lastimar su imagen. Cierto que le trajo también mucha publicidad, pero la mayor parte era negativa.

María tenía que volver a Francia para terminar "La Bella Otero", pero fue arraigada en el país por los abogados de la señora Mendiolea, quien le requería el saldo no pagado del collar.

María quería que la familia de Jorge liquidara ese saldo, pero la madre de él, mujer fina, inteligente y sensata —durante toda su vida— hizo una proposición salomónica. Doña Emilia propuso que...

—...lo que ya pagó mi hijo sea el regalo que él le dio. Si quiere conservar el collar, que sea ella la que pague lo que falta.

Y en realidad, María, a pesar de su famosa frase: "Lo dado, dado", sí pagó lo que aún se debía.

México llora aún la muerte de Jorge Negrete. Aquí hacen guardia frente a su tumba: Fernando Casanova, Teresa Negrete de Chabucio, Miguel Alemán Velasco, Consuelo Negrete de Farías, Rodolfo Echeverría más conocido como Rodolfo Landa, Emilia Negrete de Mireles, Carmen Barajas Sandoval (autora de este libro) y Miguel Bermejo, del trío "Los Calaveras".

VI
Su llegada nuevamente al viejo mundo

Después de muchas semanas de una situación nada agradable y libre ya del arraigo que pesaba sobre ella, María hizo maletas y salió volando hacia Europa. Con ella se llevó su fabulosa colección de alhajas y allá vendió algunas y compró nuevas, entre ellas una víbora enorme, impresionante, de brillantes cortados en baguette, que se enrollaba alrededor de su cuello y se cerraba mordiéndose la cola. Yo se la vi una vez en una fiesta de entrega de premios y era, en verdad, una pieza inigualable.

Nuevamente en Francia, María se enteró de que Carolina Otero, a quien ella interpretaba en la pantalla, aún vivía y fue a buscarla a donde residía en la bella ciudad de Niza. La bella Otero, ya anciana, sobrevivía en la pobreza. Recuerdo haber visto una fotografía de las dos juntas en alguna revista de la época. En la nota que acompañaba la foto de las dos bellas "Otero", se decía que la Otero ya anciana había dicho a la Otero todavía joven:

—¡Eres muy bella; cuídate y no cometas los errores que yo cometí!

Y sin duda María ha seguido bien los consejos de Carolina, pues como sabemos ella es una mujer muy rica, pues ha sabido cuidar su fortuna, inclusive la ha incrementado, mientras que la otra la dilapidó tontamente en casinos jugando a la ruleta.

Mi padre, que sí conoció a la verdadera Otero, me dijo que en verdad María era más bella. La española no era ni tan alta ni tan impactante como la mexicana.

Ya instalada de nueva cuenta en París, María recibió una oferta para hacer una película con Jean Renoir, el famoso director de cine hijo del extraordinario pintor Auguste Renoir; uno de los pintores más importantes de la escuela impresionista de Francia y del mundo.

En Venecia, a bordo de una góndola, alternando con el *jet set* internacional, cuando su hijo Enrique cumplió 19 años.

La película, que sería "French Can-Can", iba a ser el conducto para que María —que haría muy buena amistad con Renoir y su esposa— empezará a introducirse en los círculos intelectuales de París. Además, alternaría con el gran actor Jean Gabin, y durante la filmación iba a ocurrir un incidente que le daría una gran publicidad, extra, a "la Doña".

Aparte de Jean Gabin, el reparto incluía a una estrella del cine francés bastante pesadita que se llamaba Françoise Arnoul, y si en la pantalla no era agradable, pienso que en la vida real debe haber sido insoportable. El caso es que ensayando una escena —según dijeron los periódicos— Françoise golpeó "sin querer" a María y ésta le propinó tal cachetada que la mandó al hospital. Otra versión del hecho que circuló también en los diarios, decía que entre las dos estrellas rivales en la cinta por el amor de Gabin lo eran en la realidad por los créditos y su importancia dentro de la película. Esto, por supuesto, era más por parte de la Arnoul que por parte de María.

Françoise, feita y desgarbada, parecía una ratita junto a la exuberante y hermosa mexicana; y lo que en realidad pasó fue que la francesa agredió de una manera insultante a María y ésta la castigó merecidamente.

No es sólo mi opinión, es también la del propio Renoir, quien dijo que inclusive el mismo Jean Gabin parecía un enano junto a la sonorense.

Después de terminar la película, María se dedica a disfrutar de París. Ella que siempre se ha declarado mexicana hasta los tuétanos, se va enamorando más y más de la "Ciudad-Luz". París siempre ha ejercido una gran fascinación en la mayoría de los mexicanos y María no iba a ser la excepción. Paseaba por los Campos Elíseos, frecuentaba lujosos restaurantes, compraba bellos objetos para su departamento, joyas y sobre todo ropa en las elegantes *boutiques*.

En ese momento de su vida, María recibe la proposición para hacer la que pudo haber sido la película más importante de su carrera: "Los Héroes están Fatigados", junto a tres grandes actores: Curt Jurgens, Ives Montand y Jean Servais, con quien volvería a encontrarse posteriormente en "Los Ambiciosos". Los tres actores contaban con gran reconocimiento internacional.

María había visto "El Salario del Miedo" y admiraba a Ives Montand. A su vez, Montand había dicho de ella:

—¡La mexicana tiene el rostro más impresionante que he visto en mi vida!

Ives Montand fue uno de los hombres más atractivos que ha habido en el negocio del espectáculo. Aunque no era precisamente guapo, el conjunto de sus toscas facciones era verdaderamente sensacional. Esto agregado a un enorme encanto, a mucho talento y a una sólida cultura, lo hacía único, comparable sólo a otro feo con una personalidad arrolladora y gran inteligencia; Frank Sinatra.

Fue por todo esto que la pobre Marilyn Monroe, niña insegura e impresionable (nunca creció emocionalmente), a pesar de su fama y su sensibilidad (ella sí era una gran actriz aunque nunca se lo reconocieron), cayó fulminada ante esta presencia masculina tan completa, y la verdad es que cuando Ives la dejó plantada después de terminar la película que hicieron juntos "Let's Make Love", y salió corriendo detrás de su mujer, Simone Signoret, que ya había regresado a Francia cuando se empezó a hablar del romance de su marido con la bella rubia, fue que empezó el desplome de Marilyn. Ella sin reflexionar había hecho a un lado a su marido, el escritor Arthur Miller, para lanzarse abiertamente a la conquista de Montand, y se quedó como el perro de las dos tortas, pues Miller no le perdonó el numerito. Después de esto, siguieron otros tropiezos y errores que la llevaron al suicidio. Dígase lo que se diga.

En 1955, cuando se filmó "Los Héroes están Fatigados", María era más o menos unos diez años mayor que Montand, pero no se notaba ni un solo día de diferencia entre ellos, y Simone Signoret sufrió tal ataque de celos que pidió que "la Doña" firmara un documento comprometiéndose a no entablar una relación amorosa con su marido. Por supuesto, María la mandó a paseo.

El otro galán, el austriaco Curd Jurgens, guapísimo, distinguido y culto, manifestó a María que él tenía el gran deseo de conocer personalmente a la otra bella mexicana, de la cual dijo el gran escritor Bernard Shaw:

—¡Las dos cosas más bellas del mundo son el Taj Mahal y Dolores del Río!

De ella también decía nuestro cineasta Alberto Isaac (querido amigo mío):

—¡Dolores está hecha a mano!

Cuando María estuvo nuevamente en México, hizo una fiesta especialmente para que su compañero Jurgens viniera a conocer a la estrella mexicana que tanto admiraba.

A partir de esta época, María va a vivir alternativamente en México y en Francia, aunque de las diecisiete películas que aún le restan por filmar sólo una va a realizarse en España: "Faustina". Todas las demás serán hechas en México.

De diciembre de 1953, cuando muere Jorge Negrete, a diciembre de 1956, que será cuando vuelva a casarse con el hombre de negocios Alex

Berger, María va a tener varios romances. Sólo ella sabe cuáles fueron reales y cuáles fueron invención de la prensa, sabedora que ella es buena vendedora de periódicos; pero de lo que sí estoy segura es de que hubo uno del cual debe haberse arrepentido: el que sostuvo con el arrogante y desagradable torero Luis Miguel Dominguín.

Este personaje, engreído y pedante como pocos, destructor natural de mujeres (entre ellas la que fue su esposa, la bellísima actriz italiana Lucía Bosé y la no menos bellísima Ava Gardner) no iba a poder serlo con María, pero sí le iba a proporcionar un buen disgusto. El tipo éste, que indudablemente no tiene la menor idea de lo que significan la discreción y la caballerosidad, vendió una entrevista a una revista española donde dijo de ella cosas íntimas muy desagradables.

Sin duda este ciudadano debe tener un rizo tras la oreja que lo hizo muy atractivo, pues otra bellísima estrella de nuestro cine, la infortunada Miroslava, tuvo también con él una relación que fue por demás frustrante. Ella me comentó lo lastimada que había salido de ese "romance".

María viene a México para filmar su película número 31, "La Escondida". Para este momento ya es reconocida internacionalmente y muy rica. Para ella ha sido más importante triunfar en Europa que hacerlo en Hollywood. "La Meca del Cine" nunca le ofreció un papel a su nivel; el único que pudo ser importante fue el estelar de "Duelo al Sol", que finalmente interpretaría la estupenda actriz Jennifer Jones al lado del no menos estupendo actor Gregory Peck. María no pudo aceptar esta película porque ya tenía firmado otro compromiso.

Si usted vio esa película, recordará que la heroína era una india indomable, y a Jennifer la maquillaron para que su piel se viera oscura. Cierto que la película fue muy buena y que las actuaciones de los dos protagonistas fueron de lo mejor en sus respectivas carreras, pero Hollywood, como siempre, pensaba en las estrellas mexicanas sólo para interpretar papeles de indias. Recuerden a María Elena Márquez en "Más Allá del Ancho Río", su única película para los yanquis. En la película era una india piel roja, pero ella debe haber pensado que valía la pena hacerla porque la acompañaría el "Rey" Clark Gable.

El caso de Lupe Velez y el de Dolores del Río (que también interpretaron indias), fue diferentes, porque ambas estrellas fueron hechas dentro del cine Hollywoodense.

A la muerte de Frida Kahlo, se empezó a correr el rumor de que María se casaría con Diego Rivera. Diego era, qué duda cabe, una institución nacional y admirado profundamente por propios y extraños como un pintor excepcional, y él había admirado siempre a la estrella. De ella había dicho:

—¡La naturaleza se tarda cientos de años en hacer una mujer tan bella como María!

En su euforia, Diego olvidó a otras contemporáneas de la sonorense como Hedy Lamarr y Vivien Leigh, que creo que eran igual de bellas.

Cuando muere Frida Kahlo y Diego queda viudo, María a su vez también está viuda, y la prensa se da vuelo hablando sobre un romance que jamás existió. Inclusive llegó a decirse que Frida en su lecho de muerte le había pedido a María que se casara con "Dieguito".

Casi desde el principio de su carrera María entabló una gran amistad con los Rivera. Diego hizo primero un dibujo de ella con su hijo Enrique, cuando este todavía era un niño y María estaba filmando "Río Escondido" (creo que finalmente ésta resultó ser su mejor película). Posteriormente, en 1949 pintó el retrato que para mi gusto es el mejor de todos los que de ella se han hecho. Es un cuadro muy grande donde tiene puesto un vestido de encaje blanco, casi transparente; está sentada de tres cuartos, con la melena alborotada y una de sus clásicas víboras en un brazo. Este cuadro pertenece ahora a Juan Gabriel.

María siguió siendo amiga —aunque un poco más distante— de Diego hasta su muerte, y él después de un tiempo se casó con Emma Hurtado; mujer muy conocida en los círculos de la pintura porque era dueña de una galería y siempre promovió a los pintores y la pintura de México.

En 1955 "la Doña" pierde a otro de sus amores. El magnate Jorge Pasquel se estrella en su avión particular. Esta noticia conmovió a todo México, pues este hombre era muy apreciado en los círculos financieros, empresariales y sociales.

VII
Su llegada al gran mundo del Jet-Set

En 1956, en el mes de diciembre, María se casa con el hombre de negocios francés Alex Berger. Él es una persona conocida, y reconocida en el gran mundo de los negocios. Es banquero y empresario importante.

Ella ha dicho en varias ocasiones que es una mujer con suerte, y vaya que sí lo es. Es también una mujer inteligente y cerebral que ha sabido manejar su vida con frialdad y cálculo; pero indudablemente la suerte ha estado ahí para ayudarla a redondear las cosas.

A medida que ha ido escalando los peldaños que la han llevado a la popularidad y la fama con sus películas, en su vida privada ha sabido escoger muy bien a sus parejas, tanto las pasajeras como las duraderas.

Del hombre común y corriente, vendedor de cosméticos, que fue su primer marido: Enrique Álvarez Alatorre, toma a otro relativamente conocido, pero que pertenece al mundo al que se ha propuesto entrar: Raúl Prado. Cuando es ya conocida se liga al músico más famoso e importante del país: Agustín Lara. Cuando es ya una de las figuras más importantes del cine hablando en español, se une al ídolo de México, al charro inmortal: Jorge Negrete.

Ya totalmente consolidada como la estrella más importante del cine Iberoamericano, sólo le faltaba el magnate y ahí aparece Alex Berger y con él entra al gran mundo, al mundo fascinante de la elegancia, de las carreras de caballos y del lujo.

Claro que ella por sí misma era ya rica, pero el señor Berger representaba el relacionarse con personajes del Jet-Set como el barón Guy de Rostchild y su esposa Marie-Héléne, los condes de Montesson y Le Marois, etcétera.

Alex Berger y María Félix.

Licencia de manejar de María ya como señora Berger.

Cuando se casa con Berger, ella y su hijo vivían en Catipoato, pero él no quiso ir a vivir allá y como ella dijo alguna vez: "Quien da el pan, da la Ley". Aceptó dejar su hermosa casona de Tlalpan y vivir con su marido en la casa de él ubicada en la calle de Hegel, en Polanco.

A partir de esta nueva boda, más que nunca, la vida de los dos transcurre entre las ciudades de México y París, pues el señor Berger tiene negocios e intereses en las dos ciudades, y ella habrá de filmar todavía varias películas en su país.

Para María, gente del norte, tierra de ganaderos, a quien le gustó montar desde pequeña, verse de pronto dueña de una cuadra de caballos de pura sangre, debe haber sido como un sueño. Lo sería para cualquiera. Y los nombres con que bautizó a sus caballos preciosos, todos muy mexicanos: Nonoalco, Zapoteco, Tepatitlán, Tlacopac, Malacate, y en honor de sus películas: Río Escondido, Marisela, y por supuesto Doña Bárbara y Doña Diabla, sin que pudiera faltar María Bonita y varios más.

María disfrutaba mucho presenciando el entrenamiento de estos hermosos animales, para ello se levantaba al alba para acompañar a los jinetes en su trabajo.

Los caballos de la cuadra —que lucían los colores turqueza y blanco— del matrimonio Berger, ganaron muchas carreras en los hipódromos de varios países de Europa. Años después, cuando Alex muere, María con mucho dolor, pero con mucho provecho también, venderá sus valiosos equinos.

En 1957 vuelve a España para filmar la que será su última película hecha en el Viejo Continente: "Faustina". Desde mi punto de vista, esta película tiene el gran mérito de ser la única comedia que hizo la estrella y en la que el personaje que interpreta no tiene nada qué ver con la imagen que el cine y ella misma han proyectado de su persona. En esta película luce una gran cantidad de ropa elegante y está graciosa. También es la única película en que canta con su verdadera voz, pues en todas las otras fue doblada por cantantes tan reconocidas como Avelina Landín, Nati Mistral y otras.

María, en la vida real, es una mujer con un gran sentido del humor, es mordaz y simpática, pero se ha empeñado en dar una imagen de altanera y déspota que en realidad está lejos de ser. Si la atacan muerde, pero ésta es una reacción normal. Yo creo que cualquiera de nosotros haríamos lo mismo. Sólo Jesús presentó la otra mejilla, y eso sí, María no es humilde para nada.

María se quejó en una ocasión con un famoso periodista y comentarista de la televisión:

—¡Los mexicanos no me quieren!

Sin duda debe haber una parte de mexicanos que no la quieren; pero sin duda también, hay una mayor parte de ellos que sí la quieren, admiran y respetan, porque entienden la lucha titánica que ha sostenido, en especial con ella misma, para lograr lo que ha logrado: imponerse en un mundo de competencia muy dura en su vida artística, así como en su vida privada, sin perder de vista en ningún momento la construcción de su propio mito.

Sin embargo, hay ocasiones en que dice:

—¡El pueblo mexicano me quiere porque soy una triunfadora!

Esta ambivalencia en sus sentimientos es el reflejo de su propia conducta. Si lo desea, puede ser cautivadora y entonces siente que la quieren, y si se lo propone sabe también ser dura y desagradable, y entonces sabe que no la quieren.

A mí, que he sido siempre feminista, me encanta el desafío que se impuso: no doblegarse ante ningún obstáculo, y que siempre haya sabido sacar fuerzas para seguir adelante, así como que haya logrado imponerse hasta al mismo padre Cronos y a la propia naturaleza haciendo que el paso del tiempo sea casi imperceptible en ella.

Se ha dicho también que es unaególatra; pero por favor, si somos sinceros ¿quién no lo es? Estoy de acuerdo en que hay quienes lo son más y quienes lo son menos; pero todos lo somos, y eso es bueno, la gente que no se quiere a sí misma tiene muchos problemas, si no consulten con un psiquiatra; y María recibió mucho de la vida, pero también es cierto que ha sabido mejorarlo y le ha arrancado a la vida, con uñas y dientes lo que no le ha dado de buena gana.

Pocas mujeres han sido tan atacadas como ella, y yo creo que en esto ha habido un mucho de envidia, tanto por parte de las mujeres como de los hombres, pues las mujeres no perdonan la belleza en cara ajena y los hombres no aceptan a las mujeres triunfadoras. Se les atragantan las mujeres fuertes e independientes y ricas además; que tengan más éxito que ellos en el terreno que sea.

En 1958, María filma una película basada en una novela del popular y muy leído escritor Luis Spota: "La Estrella Vacía". Es una cinta que se presta para que luzca hermosos trajes y joyas.

Y, a propósito de joyas, es muy curioso cómo le ha gustado a ella siempre lucir sus propias alhajas en sus películas. En "La Noche del Sá-

Lady Patachou y María.

La madre orgullosa de su hijo.
Abajo: convivencia familiar.

bado", un film que como muchos otros se planeó para que fuera muy especial pero que no resultó así, hay una escena en que la protagonista está guardando sus alhajas en un hermoso joyero que se abre hacia los lados quedando tres compartimentos escalonados en cada parte, y en efecto, las joyas que Imperia (María) va colocando con cuidado en cada compartimento son parte de su propio lote de alhajas.

En "Que Dios me Perdone", la pulsera que entrega a Fanny Schiller para que la venda y con el importe pueda pagar el rescate de su hija, es en efecto una bella pulsera de brillantes y otras piedras preciosas que valía 30,000.00 dólares, que ella dice es su precio, y que por supuesto era de su propiedad.

En "La Diosa Arrodillada" se engalana con las enormes esmeraldas en forma de rombo que le había regalado Jorge Pasquel, y en "La Bella Otero" con las otras esmeraldas en forma de almendra que le obsequió, aunque sólo en parte, el otro Jorge: Negrete.

Ni qué decir que para mucha gente "La Estrella Vacía" era una especie de biografía de la "Doña", pero para nada. El mismo autor, Luis Spota, se encargó de aclarar que para escribir una novela tomó anécdotas de varias estrellas de nuestro cine, y naturalmente, al ser el relato de la vida de una estrella había cosas que podían compararse con la vida de María, pero nada más.

Yo estoy segura de que la vida personal de María, al mismo tiempo que ardua y de lucha, ha sido también muy placentera, en especial en estos años en que estuvo casada con Berger, pues éstos fueron años de más equilibrio y ya de una total estabilidad económica que durará por el resto de sus días, cosa que debe ser muy gratificante.

Además, Alex era un hombre (por lo menos era la impresión que daba) muy amable, educado, atento. En el mundo de sus negocios, quién sabe, pero en su relación con ella sí era sumamente afable.

Al mismo tiempo, él es el hombre de más larga permanencia en su vida. Estuvieron casados dieciocho años, durante los cuales jamás se interpuso en su carrera cinematográfica, inclusive en algunas ocasiones financió en parte la producción de sus películas, entre ellas, "Los Ambiciosos", la única película en que la dirigió Luis Buñuel.

Esta película en verdad pudo haber sido la obra maestra que María nunca pudo concretar; en esta se contaba, además de la dirección de Buñuel, con la colaboración de grandes actores encabezados por el más grande o al menos uno de los más grandes que han existido en el mundo: Gerard Phillipe, con Jean Servais, Andrés Soler, Miguel Ángel Ferríz y muchos otros.

No puedo dejar de hablar aquí de Gerard Phillipe, pues él fue la personalidad artística más extraordinaria que he conocido en mi vida. Era un hombre absolutamente único, sublime. Sus ojos tenían una profundidad y una dulzura como no he visto en nadie más.

Tuve el gusto de conocerlo desde la primera vez que vino a México para hacer "Los Orgullosos" junto a Michèle Morgan y para mí fue una impresión que jamás olvidaré.

Una mañana entró a la oficina de la Secretaría General de la ANDA, donde Jorge despachaba y yo lo asistía, el caballeroso y fino productor Mauricio de la Serna acompañado por Gerard Phillipe; entonces él era el líder del Sindicato de Actores de Francia y según le dijo a Jorge, estaba muy impresionado por lo que la ANDA había logrado en México. Jorge le regalo en esa ocasión un ejemplar de los estatutos de la Asociación.

Pero cuando yo lo vi entrar me temblaron las rodillas, yo estaba completamente acostumbrada a ver entrar en esa oficina a estrellas como Gary Cooper, Bárbara Stanwyck, Ann Sheridan, Ruth Roman, Michelèle Morgan y muchas otras del cine extranjero y por supuesto a todas las de nuestro cine, así que no me impresionaba fácilmente. Pero este hombre era punto y aparte.

Desde que lo vi en sus películas "Con el Diablo en el Cuerpo" y "El Idiota", basada esta última en la inmensa novela de Dostoyevski *El Príncipe Idiota*, realizadas unos años atrás, quedé maravillada por su capacidad interpretativa y por su apostura.

Era alto, muy delgado, con pelo rubio oscuro y grandes ojos de un azul muy intenso; pero su mirada era aún más intensa; cuando lo miraba a uno parecía que penetraba hasta el más recóndito lugar de nuestro interior. Era impresionante.

A mí me encantaba poder hablar con él. Como mi ayudante Arturo Lugo (a quien ya mencioné antes) lo sabía, siempre que lo veía por los pasillos de la ANDA, le decía que yo tenía que decirle algo y me lo llevaba a la oficina. La primera vez que hablé con él empecé a hacerlo en francés, pero él, con su bella sonrisa, me dijo amablemente:

—No se esfuerce, yo prefiero practicar mi español. Cuando supe que vendría a filmar a México, me puse a tomar clases de este bello idioma.

Así era de profesional.

Y lo hablaba muy bien. Aunque en la película él tenía que decir solamente algunos diálogos en español, quiso conocer bien el idioma para moverse libremente por las calles de las ciudades y pueblos que iba a visitar; a él le gustaba mucho México, le encantaba el bullicio de sus mercados, su sol y sus artesanías.

Así que cuando volvió para hacer "Los Ambiciosos" junto a María, ya estaba muy familiarizado con nuestro país y con nuestro idioma.

Al terminar ésta, que sería su última película, regresó a Francia sintiéndose muy mal. Sin embargo, hizo todavía un viaje a Londres para ver actuar en teatro al otro gigante de la escena: Lawrence Olivier.

En la prensa se comentó mucho que él había contraído en México: 1) tifoidea; 2) hepatitis; 3) amibiasis; pero nada más falso. Cuando fue operado, los médicos constataron que lo que el gran actor tenía era un cáncer del hígado. Murió casi inmediatamente después de la operación, cuando sólo tenía 37 años.

La película se estrenó cuando él ya había muerto, y desgraciadamente no tuvo buenas críticas.

Yo creo que él hubiera sido el intérprete perfecto para el papel de Jesucristo, pues era tan bello y tenía la fuerza y la ternura con que asociamos la imagen del Salvador.

En esta película, y para no perder la costumbre, la "Doña" tuvo su publicidad escandalosa. En la prensa se comentó un hecho que sólo ella sabe si es verdad, se decía que cuando besaba a Gerard le mordía los labios. Yo, por mi parte, de haber podido hubiera hecho lo mismo.

De 1959 a 1963 la vida de la mujer y la de la estrella corrían paralelas, pero en direcciones opuestas. La vida de la mujer cada vez más glamorosa y posiblemente más feliz, y la vida de la estrella dando tumbos. Después de "Los Ambiciosos", filmó "Juana Gallo", "La Bandida" y "Si yo Fuera Millonario", cada una más mala que la otra. En la última compartió créditos con un total desconocido en nuestro país. Un venezolano, casi enano, dizque cómico (por su físico sí) llamado Amador Bendayán.

Sólo una estrella como María podía resistir estas abolladuras y seguir brillando, otra se habría eclipsado para siempre, pero ella no.

Dentro del mundo social la mujer seguía causando revuelo donde quiera que se presentaba. Se codeaba con famosos e importantes de la pintura y las letras. Se hacen de ella varios retratos que realizan artistas reconocidos, viaja incansablemente y colecciona objetos de arte y joyas.

A principio de 1963, Filmex, la compañía productora más importante del país, contrata a Luis Alcoriza para que dirija a María en una película basada sobre la obra de Alphonse Daudet "Safo". La película iba a llamarse "Safo 63", pero después decidieron cambiarle el nombre por "Amor y Sexo".

Nuevamente existe la posibilidad de una buena película. Luis, mi entrañable amigo (él y Janet, su esposa, son de mis más queridos amigos desde hace cuarenta años) había realizado hasta ese momento, tres películas de muy buena calidad, que habían sido seleccionadas para participar en otros tantos festivales cinematográficos. Dos de ellas "Tlayucan" y "Tiburoneros" ganaron importantes premios y fueron realizadas por mi prima Angélica Ortíz para Producciones Matuk, S.A.

Visité en varias ocasiones a Luis durante el rodaje en los Estudios San Ángel (ahora Televisa) y pude percatarme que todo marchaba sobre ruedas; las broncas que tanto se pronosticaron entre el director y la estrella nunca se materializaron. María estaba a gusto con su director y ponía todo de su parte para que su trabajo resultara de lo mejor. Luis me comentó más de una vez, que no esperaba que ella fuera una mujer tan encantadora y tan profesional. Hubo una escena en que se lastimó y no permitió que se suspendiera la filmación y pidió se continuara adelante como si nada hubiera pasado.

Durante el rodaje de esta película llegó el cumpleaños de María, el 8 de abril. Para algunos era el 49 y para otros el 52, pero da igual. El hecho es que Janet me llamó en la mañana de ese día y me invitó a ir a la filmación que sería en la casa de Ernesto Alonso. Él había prestado su hermosa casa que se encontraba detrás del Convento del Carmen en San Ángel, para filmar las escenas que se suponía ocurrían en la casa de la protagonista. Los sets de los Estudios San Ángel eran para otras escenas del film.

Janet me dijo:

—Ven hoy a la filmación. Es el cumpleaños de María y al terminar de rodar habrá un brindis.

Por supuesto acepté con mucho gusto. Como a las seis de la tarde llegué al lugar de la cita y llevé conmigo a mi hermana Edelmira. Todavía estaban filmando cuando llegamos, pero en el jardín estaban ya preparadas las mesas. Junto con Janet entramos a la casa a saludar al anfitrión, nos sentamos en la sala y después de un rato llegó Alex Berger.

Cuando Luis ordenó el último "corte", él y María se nos unieron. Entre los invitados al festejo estaban el licenciado Miguel Alemán Velasco, y entre otros más, dos amigos muy queridos también: Julio Alejandro y Fernando Galiana.

Esa noche Alex le ragaló a María un enorme brillante, pero si mal no recuerdo, no es el mismo que ahora lleva puesto. Claro que puedo estar equivocada pero me parece que aquél era un poco más chico y estaba

Dando consejos al principiante.

montado en oro amarillo, y el que ahora lleva es más grande aún y está montado en oro blanco o quizá platino. Sin embargo, repito, puedo estar equivocada y la maravillosa piedra es la misma.

En esta película le ocurrió a María lo que también le sucedería a Silvia Pinal cuando se volvió cincuentona. Y es que en la gran vanidad de estas mujeres se vuelve una necesidad mostrar al público lo bien que se conservan. Silvia, mucho más liberal que María en todos los sentidos, no sólo hace una película con un desnudo (no me acuerdo del nombre, porque no he seguido la carrera de la señora Pinal), sino que también se lanza y hace fotos desnuda para una revista de caballeros.

María fue por años en su carrera artística un tanto recatada, pues nunca —o muy rara vez— se permitió mostrar algo más que una insinuante pierna o sus bien formados hombros.

Es hasta "Amor y Sexo" (¿sería quizá por el título?) que por primera vez hace un desnudo. En una escena, tal vez gratuita, en que se supone que ella visita a un misterioso amigo que está en la cárcel, debe ser revisada y la desnudan, aunque solo se la ve de la cintura para arriba.

Es en 1955, cuando filma "Los Héroes están Fatigados" en Francia, cuando por primera vez muestra algo de su anatomía. Es también, la primera vez que hace escenas de amor un tanto "fuertes" junto a Ives Montand. En sus películas anteriores, todas sus escenas de amor son bastante castas, aunque en esas cintas muchas veces ella interpreta a mujeres de "mala vida". Para esta película se hizo una foto que sirvió para publicidad, en la que se la ve casi de perfil, desnuda de la cintura para arriba, pero cubriéndose los senos con las manos.

También en 1955, en "Canasta de Cuentos Mexicanos", hay una secuencia en que la indomable Luisa (María), que ya se ha casado con el guapote Carlos (Pedro Armendáriz), la novia espera impaciente al novio que no llega —para empezar a quitarle lo orgullosa y desafiante— y se pasea por su habitación con sólo un camisón sobre la piel. Es una secuencia bastante larga y ostensiblemente se hace notar que debajo del camisón, muy bonito por cierto, no lleva una sola puntada que corresponda a alguna otra prenda, y lo que se adivina debajo de ese camisón es bastante hermoso. Pero no fue hasta "Amor y Sexo" que ella decidió mostrar sus encantos íntimos.

Lamentablemente para María, "Amor y Sexo" fue la última oportunidad que tuvo para concretar una muy buena película. Pero nuevamente, y para no perder la costumbre, otra vez resultó menos importante de lo que se esperaba. ¿Por qué? Es inexplicable que habiendo sido dirigida por tan reconocidos y estupendos directores como: Fernando de Fuentes, Julio Bracho, Roberto Gavaldón, Emilio Fernández, Luis César Amadori, Jean Renoir, Ismael Rodríguez, Luis Alcoriza y Luis Buñuel, todos ellos consagrados internacionalmente, ella que todo lo ha conseguido, no haya podido lograr la gran película.

Cierto es que sí tiene en su filmografía algunas buenas películas, y otras en las que logró actuaciones bastante aceptables, pero definitivamente la gran película no se le dio, pues las dos que aún le faltan por filmar: "La Valentina" y "La Generala", al igual que las tres anteriores a "Amor y Sexo" son bastante malas.

Que ella aceptara hacer una película tan absurda como "La Valentina", junto a un "galán" (?) tan desagradable y sin chiste, aunque se suponía que era chistoso, como ese señor llamado Eulalio González (hasta el nombre es feo) comediante de tercera al que apodaban "Piporro", sólo se puede entender si le pagaron mucho "billete", porque ese material le gusta mucho. Ella misma hace la broma de que empezó a pagar al contado cuando se casó con Berger; pero yo no creo que antes no lo haya hecho por falta de dinero, sino porque le cuesta mucho trabajo desprenderse de él.

Cuando fui con unos amigos, a ver "La Valentina", un hombre que estaba sentado detrás de mí, comentó en voz lo suficientemente alta para que se escuchara:

—¡Bueno, vamos a ver a María disfrazada de quinceañera!

Sin volverme, le contesté también con voz que se escuchara bien:

—¡Si no le gusta, para qué viene a verla. A nosotros nos gusta con disfraz y sin él. Le agradeceremos se guarde sus opiniones y nos deje ver la película en paz!

¡Dios, pero qué mala película! Creo que no se justifica aunque le hayan pagado generosamente.

María misma ha comentado también, a propósito de su poca disposición a desprenderse del dinero:

—¡Mi pan da muchos cólicos!

Reina Félix (así la conoció todo el mundo), era cuñada de María, fue la esposa de su hermano Fernando (¿o era Bernardo?) y fue asimismo su secretaria, confidente y servidora fiel hasta su reciente deceso.

No puedo decir que Reina haya sido mi amiga, pues la amistad es algo más profundo, pero sí la traté bastante porque era amiga de una buena amiga de mi hermana Edelmira, y varias veces comimos juntas, en mi casa, en la casa de esa amiga, así como en algunas ocasiones en casa de Rocío Durán quien también fue esposa de Agustín Lara, años después que María.

Reina la quiso mucho y le fue fiel sin límite, y sin embargo, en más de una ocasión, se quejó sin amargura y sin mala intención de la tacañería de María para con ella.

A fines de los años sesenta la "Doña" se despide del cine. Filma la que será su última película (aunque posteriormente se harán dos intentos para que vuelva a la pantalla) "La Generala", bastante mala. El pretencioso Juan Ibáñez pensó que haría algo impactante, y lo fue pero por lo descabellado y absurdo.

En 1971 se habló mucho del regreso de María al cine con una película basada en una novela de un escritor, que en mi opinión, es un hombre muy desagradable, pedante, creído y sin autocrítica. Hablo de él como persona, como escritor que opinen sobre él los entendidos en la materia.

Este personaje escribió con toda mala fe una sucia novela que tituló "Zona Sagrada", en la que la protagonista es una actriz a la que llama Claudia Nervo y que tiene algunas características que concuerdan con las de María. Revuelve cosas que pueden ser verdaderas con cosas malévolas y falsas, y lo peor es que por poco se convence a la propia María para que interpretara este personaje junto a su hijo Enrique, éste en un papel que en la novela se llama "Mito" y es a su vez el hijo de la actriz Claudia.

Este tipo, con el cual tuvo una experiencia horrible (por lo vulgar y desastrosa) una amiga mía, colombiana, que fue lo suficientemente insensata para aceptar su invitación, ahora se da baños de pureza y tira pedradas, cuando él tiene techo de vidrio.

A mí me parece la tal novela algo tan malévolo, retorcido y sucio que pinta tal como es el autor. Sólo una persona con esas características pudo haber urdido algo tan desagradable.

Afortunadamente, María terminó por mandarlo a tomar el aire en la playa.

El otro intento fallido también, fue con la señora Margarita López Portillo, "la pésima musa" (así la llamaba el pueblo haciendo parodia por su amor por la Décima Musa, nuestra enorme Sor Juana), la "albóndiga de porcelana", como la bautizó María con su mordaz sentido del humor. Pues en verdad, "la pésima musa", es en efecto, una albóndiga de porcelana, por lo gorda y la bella piel que tiene. Esta señora escribió una novela llamada *Toña Machetes*. No sé de qué trata porque no la he leído (claro que esto no va a quitarle el sueño a doña Margarita), y aun-

María y su hijo Enrique convertido éste en buen actor.

que la película la hizo posteriormente Sonia Infante a quien quiero y conozco desde niña por ser sobrina de Pedro Infante (hija de su hermano Ángel), tampoco tuve la oportunidad de verla porque cuando se estrenó estaba fuera de México, razón por la que desconozco el tema. Pero no se necesita mucha imaginación para saber que se trata de una mujer de armas tomar; y por lo tanto el personaje encajaría en la personalidad fílmica de la "Doña".

No sé las razones que tuvo ella para al fin desistir de interpretarla, pero en esta ocasión volvió a ser blanco de notas escandalosas en los periódicos, pues había recibido una cantidad —entonces importante— adelantada para asegurar su participación en la película y cuando decidió no participar y se le pidió devolviera el adelanto, ella aclaró:

—Lo dado, dado...

Y esta vez fue en serio y no devolvió nada. Claro, fue muy criticada.

Alrededor de todo este asunto se creó un gran enredo pues habían existido amenazas de demanda de un lado y de otro, así que María decidió partir hacia su querido París para que se le pasara el disgusto que todo esto le había provocado.

Desde entonces no se ha vuelto a hablar de su regreso al cine. Sin embargo, jamás ha estado fuera del interés del público. Todo lo que hace y dice tiene importancia para sus seguidores y sigue vigente como una gran personalidad del mundo del celuloide.

Ella nació para el cine. Su rostro fue diseñado especialmente para la pantalla, como lo fue el de la mujer que ella tanto admiró: Greta Garbo. Ambas son producto de la magia del cine. El teatro hubiera resultado inadecuado para ellas, pues su rostro no habría podido ser apreciado a plenitud.

VIII
Su llegada a la serenidad

Sí, después de una vida turbulenta, fascinante y sin duda algunas veces agobiante, yo creo que María ha llegado a la serenidad (que no es menos importante), que no es lo mismo que a la pasividad. Ella nunca será una mujer pasiva ni tranquila, pero sí serena.

Es demasiado inquieta y vital para ser pasiva o tranquila, pero pienso que ha dejado de ser explosiva y agresiva, como lo era antes, a la menor provocación.

Su vitalidad es constructiva y la hace seguir amando a la vida, y seguir sacándole todo el jugo que pueda.

Para darse cuenta de cuán fuerte y vital es, basta con constatar su vida actual. Conserva el interés, que le aplaudo, por verse lo más guapa que sea posible, mantiene un gran amor por sus casas. Hace poco se hizo una muy hermosa en Cuernavaca. A la mayoría de las personas de su edad, les da ya mucha pereza hacer cambios y esfuerzos de cualquier tipo, y sin embargo, ella quita su casa en París, subasta todo su bello mobiliario estilo Napoleón III en un elegante acto que se llevó a cabo en el exclusivo Hotel George V de la capital francesa, inaugura otra en México, viaja sin descanso, como siempre, y tiene un nuevo amor al que le lleva algunos años.

Entre sus viajes hay uno que hace en el verano a una pequeña ciudad en Francia llamada Deauville, que está ubicada a una distancia de aproximadamente dos horas de París. Esta encantadora población a la que acude María desde hace ya varios años, se convierte durante el mes de agosto en "el lugar más exclusivo del mundo". Allí llegan a pasar las vacaciones del verano los ricos de los ricos.

María con su retrato pintado por Antoine Tzapoff.

En Deauville juega polo el príncipe Carlos de Inglaterra; se reúnen los dueños de cuadras famosas de caballos como el barón de Rothschild; el naviero Stravos Niarchos, concuño y competidor de Onasis; El Agha Khan, y gente por el estilo.

Entre muchos otros personajes, este lugar fue favorito también, en su época, de Alí Khan y Rita Hayworth.

En Deauville hay un lujoso casino, hipódromo, campos para jugar polo y tres importantes hoteles: El Royal, el Hotel de Golf y el Hotel Normandía.

Del Royal se cuentan encantadoras anécdotas como de que hay fantasmas que abren las llaves de agua en los baños durante el amanecer, que en las noches de viento las ventanas se abren de golpe, que las persianas golpean con furia, mientras que los elevadores se atoran entre pisos jugando a las escondidas.

Una revista francesa especializada en notas del Jet-Set, decía: "La figura más deslumbrante de Deauville es la estrella mexicana María Félix, a quien rebautizaron *L' Etoile du Berger* (la estrella del pastor)", pues el apellido de su entonces marido eso significa en francés.

Y, a propósito de Rita Hayworth (en la realidad Margarita Cansino, nacida en Tijuana), que también fue una reina en Deauville, así como en Hollywood, ¿cómo terminó? Alcohólica y destruida en todos los sentidos.

Y otras reinas del cine como Hedy Lamarr, tan bella como María, casada también con varios hombres importantes y ricos; terminó arruinada y envuelta en escándalos bochornosos, detenida por la policía por robar en almacenes comerciales.

Vivien Leigh, la divina Scarlett O'Hara de "Lo que el Viento se Llevó", esposa de Lawrence Olivier, gran actriz, pero terriblemente neurótica, se suicidó durante una crisis depresiva cuando tenía 54 años.

Ava Gardner, que fue llamada "el animal más bello del mundo", con una belleza impactante, casada con Frank Sinatra, maltratada por Dominguín, murió en Londres después de una decadencia dolorosa, totalmente alcohólica.

La misma Greta Garbo, mujer inteligente y enorme actriz, decide retirarse un poco antes de cumplir 40 años, para vivir una horrible vida de soledad y aislamiento durante otros tantos años; huyendo de todo y de todos, especialmente de los fotógrafos, para morir en una forma lamentable, cuando pudo haber gozado abiertamente de su fama, su fortuna, sus amigos y de la vida, aunque ya no fuera una estrella.

Yo le admiro mucho a María que haya seguido llevando una vida esplendorosa aunque haya dejado de filmar hace ya muchos años. Es absurdo concentrar el sentido de la vida en una sola actividad. A medida que el tiempo va pasando, se deben ir buscando nuevos intereses, pues cuando se deja de tenerlos, se deja de amar la vida y entonces sí todo termina. Pero mientras se tenga imaginación y ganas de vivir —además con los recursos económicos que ella tiene— hay miles de cosas agradables que se pueden hacer para llenar la vida.

Antes de conocer a Antoine Tzapoff, ella ya admiraba su pintura y había adquirido algunos cuadros ejecutados por él.

Antoine tiene que haberse sentido muy halagado al saber que ella se interesaba por su trabajo, y le fue fácil entrar en contacto con ella.

De él sólo conozco lo que vi, como otros miles de televidentes, en la interesante entrevista que le hizo Ricardo Rocha en su programa "Para Gente Grande". La imagen que de él se proyectó, fue la de un hombre elegante, culto, de magnífica presencia, y que cuando se refería a María, la llamaba en forma por demás afectuosa "la Doña".

Su relación tiene ya varios años, y sin duda, debe ser una relación muy agradable y equilibrada, pues de otra manera no existiría.

Ella lo ha apoyado y proyectado en nuestro país. Siempre que él presenta alguna exposición importante, ella está presente.

A mi en lo personal, me gusta mucho la pintura del Tzapoff. Los cuadros que ha hecho tomando como modelo a personas representantes de nuestras diferentes etnias, me parecen preciosos, así como los que ha hecho de la misma "Doña".

Hace un par de años fui de vacaciones a San Luis Potosí, y tuve la oportunidad de ver en la Casa de la Cultura de esa ciudad, una exposición de este pintor hijo de rusos pero nacido en Francia, y me encantó. La enorme pintura de María montada sobre un rinoceronte es espléndida (aunque algunos la critiquen) y el marco de plata que tiene es en verdad digno de la pintura.

Que María es egocéntrica, sí, lo es. Que es egoísta, sí, lo es. Pero quizá eso es precisamente lo que la ha ayudado a seguir de pie e ir siempre adelante sin desfallecer. Y el camino, bastante largo ya, que ha recorrido no ha sido fácil en lo más mínimo. Siempre se ha planteado retos qué superar y lo ha hecho en todos los campos, aun en su salud.

Cierto que hasta ahora no ha hecho nada tangible en favor de "sus mexicanos" como ella los llama; de esos mexicanos necesitados que tanto se lo agradecerían. Con solo el anillo que trae en su dedo se podrían

Antoine Tzapoff.

María y Tzapoff en la inauguración de la exposición de este último.

construir tres hospitales, o cinco escuelas, o una casa-hogar para niños desvalidos como la que hizo Juan Gabriel en Ciudad Juárez, o cualquiera otra obra por el estilo.

Pero aún hay tiempo. Estoy segura de que finalmente ella hará algo así. Sin duda sabe que la gema más importante que continuará brillando por siempre sobre su cabeza será un acto generoso para con los hijos de este país al que no hay duda que ella ama entrañablemente; pueblo que la ha querido tanto, que la ha admirado tanto y que se siente tan orgulloso de ella y de lo que ha representado para nosotros.

Si gentes como Julio Iglesias y Plácido Domingo han sabido reciprocar a México, sin ser su país, el impulso internacional que les ha dado para consolidar sus carreras, ella no puede ni debe quedarse atrás, pues tiene con qué hacerlo.

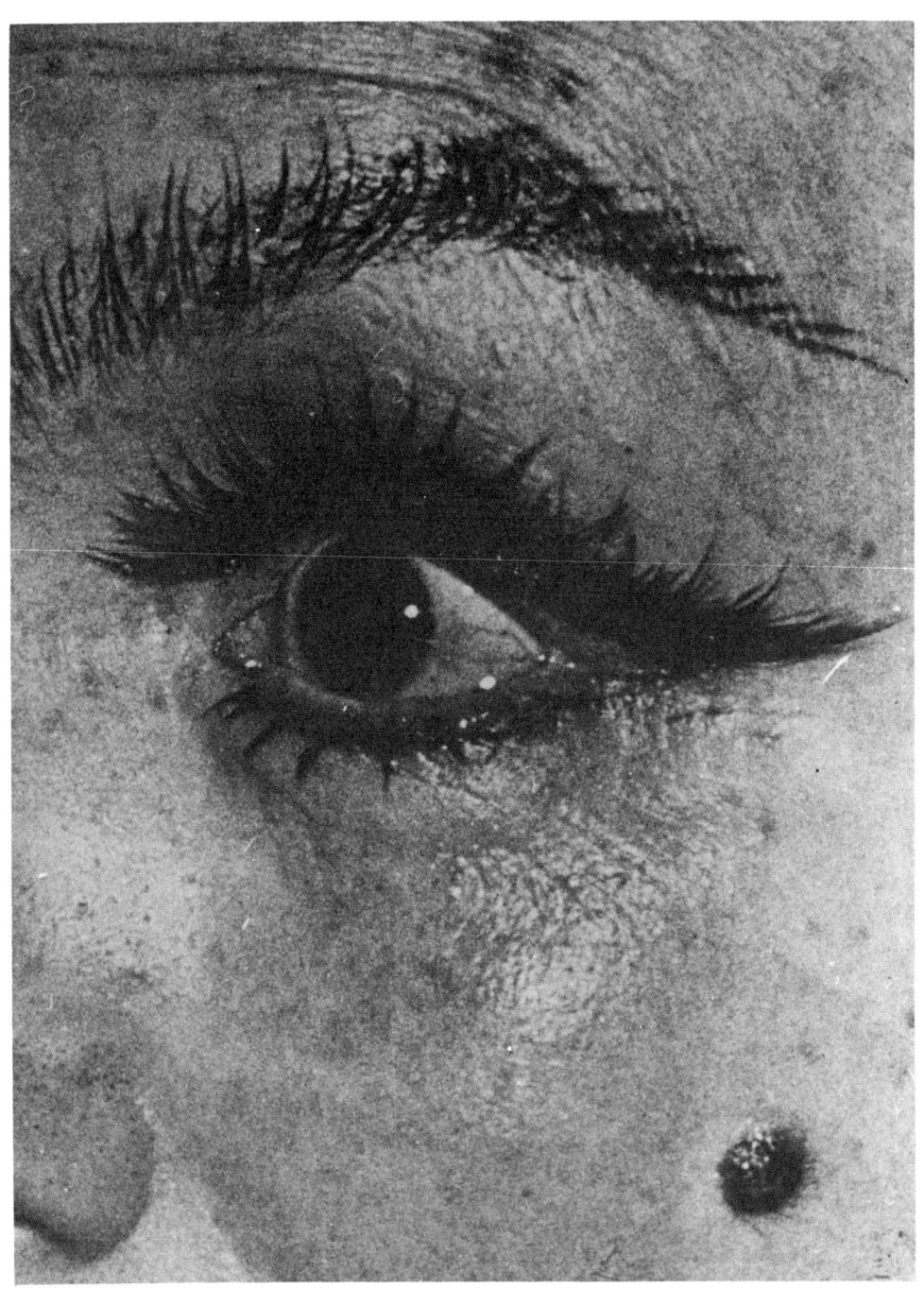

El ojo izquierdo y el famoso lunar. 1992.

Su Filmografía

1942 El Peñón de las Ánimas

La Productora: GROVAS, S.A.
El Director: Miguel Zacarías
El Reparto: Jorge Negrete, Carlos López Moctezuma, Virginia Manzano, René Cardona, Miguel Ángel Ferríz, Trío Calaveras.

Esta historia, que se podría definir como Romeo y Julieta en la campiña mexicana, relata el amor imposible de los hijos de dos familias enemistadas a muerte desde generaciones atrás, los Valdivia y los Iturriaga. Cuando ellos se encuentran, casualmente, por primera vez, pues se refugian en las ruinas de un convento abandonado, durante una tormenta, no saben quién es el uno ni quién es la otra, pero el amor nace de inmediato.

Cuando María Ángela Valdivia sabe que el joven es Fernando Iturriaga, comprende que su amor no podrá realizarse porque el padre de su enamorado mató a su propio padre. Además entre las dos familias existen doscientos años de resentimiento y de muertes por parte de unos y de otros.

Sin embargo, los dos se empeñan en salvar su amor, a pesar de que el abuelo de ella trata de casarla con su primo Manuel (René Cardona). Ella le confiesa al primo que ama a otro y este noblemente acepta hacerse a un lado y ayudar a los enamorados a escapar, pues de sobra saben que el abuelo nunca permitirá ese amor.

Un día en que la muchacha se está probando el traje de novia con que supuestamente se casará con Manuel, se presenta Fernando que ya tiene preparada la huida y el propio Manuel se presta para ayudarlos; pero el abuelo se entera y con la gente de la hacienda y los otros primos, sigue la pista de los fugitivos y cuando éstos están ya a punto de escapar, el abuelo toma el rifle, se lo echa a la cara, dispara y María Ángela cae muerta. Fernando desmonta y va hacia su novia y trata inútilmente de reanimarla. Entonces Manuel en un arranque de celos inexplicable dice a Fernando: "En vida ella lo prefirió a usted, pero muerta es mía". Como Fernando trata de cargarla para llevarla con él, Manuel lo mata de un tiro, y él es quien la toma en sus brazos y salta con ella al vacío desde lo alto del Peñón de las Ánimas.

1942   **"María Eugenia"**

La Productora: GROVAS, S.A.
El Director: Felipe G. Castillo
El Reparto: Rafael Baledón, Manolita Saval, Jorge Reyes, Mimí Derba, Virginia Manzano.

María Eugenia (María Félix), es una muchacha de clase media que lleva un vida monótona y gris. Un día es atropellada por un automóvil manejado por un joven muy atractivo y rico (Rafael Baledón) y ambos sufren de amor a primera vista. Pero hay un pequeño inconveniente, el joven tiene novia (Virginia Manzano), muchacha neurótica y seriamente enferma, por lo que el joven está obligado moralmente a cumplir con su compromiso.

El joven se va de cacería y es herido gravemente. Por supuesto, la novia lo atiende solícita y como es muy curiosa, anda de fisgona y se encuentra una foto de María Eugenia que su novio tiene guardada. La novia se queja del engaño con su madre y cuando ésta ve la foto reconoce en ella a su hija que le fue robada cuando era niña.

Otro enamorado de María Eugenia la invita a pasear y trata de abusar de ella, por lo que la joven tiene que arrojarse del coche para evitar el ultraje.

Cuando María Eugenia está herida, el joven no puede contenerse más y revela sus verdaderos sentimientos por ella, y su novia trata de matarse, pero su madre la salva.

Al final, María Eugenia recupera a su verdadera madre y se casa con el hombre que ama.

1943   "Doña Bárbara"

La Productora: GROVAS, S.A.
El Director: Fernando de Fuentes
El Reparto: Julián Soler, Ma. Elena Márquez, Andrés Soler, Agustín Isunza, Miguel Inclán, Eduardo Arozamena, Arturo Soto Rangel.

Esta película está basada en la novela del mismo nombre del escritor venezolano Rómulo Gallegos. Es la historia de una mujer fuerte, dura, calculadora, que siente un gran desprecio por los hombres porque cuando aún era muy joven fue violada en forma tumultuaria por varios rufianes.

En su sed de venganza va conquistando hombres, destruyéndolos y quitándoles lo que poseen. Con uno de ellos, llamado Lorenzo Barquero (Andrés Soler), tiene una hija: Marisela (Ma. Elena Marqués), a la que no quiere y nunca se le acerca. La muchacha vive como una salvaje, en la llanura.

De Caracas llega un hombre, Santos Luzardo (Julián Soler), es culto, y dueño de tierras que la mujerona del Arauca quiere para sí. Este hombre se enfrenta a Doña Bárbara (María Félix) y lucha por su propiedad. Al mismo tiempo conoce a Marisela, se enamora de ella y empieza a enseñarla a leer y escribir.

A su vez, Doña Bárbara, enamorada y encaprichada en someter a Santos Luzardo a su voluntad lucha como fiera usando incluso la brujería. Sin embargo, con todo esto, Doña Bárbara es vencida y las tierras de que se ha apropiado fraudulentamente vuelven a sus verdaderos dueños.

1943   **"La China Poblana"**

La Productora: CLASA FILMS.
El Director: Fernando Palacios.
El Reparto: Tito Novaro, Miguel Ángel Ferríz, Miguel Inclán, Antonio R. Frausto.

La China Poblana es una leyenda perpetuada en México desde hace más de 300 años.

La leyenda y la película cuentan la historia de una niña, hija del Gran Mongol, que fue robada de pequeña por unos piratas, vendida varias veces, y al fin es traída a México por un caballero español. Aquí se casa con un mulato, con el que no tiene relaciones íntimas jamás.

La princesa china, que se dice se llamaba Catharina, se supone que tenía revelaciones divinas y que hacía milagros.

Cuando ella muere es proclamada santa.

1943   "La Mujer sin Alma"

La Productora: CINEMATOGRÁFICA GUADALAJARA.
El Director: Fernando de Fuentes
El Reparto: Fernando Soler, Andrés Soler, Antonio Badú, Chela Campos, Emma Roldán, Mimí Derba, Carlos Martínez Baena.

En esta historia vuelve a ser una muchacha de clase media que trabaja en un taller de costura y tiene un novio pobretón (Carlos Martínez Baena). Una noche es invitada a un baile y ahí queda deslumbrada por el lujo, tanto de la casa como de los invitados, y se promete a sí misma que pronto ella vivirá así también.

La muchacha tiene un padrino (Fernando Soler), un rico industrial, pero viejo. Ella urde la mentira de que está enamorada de él, y claro, el pobre viejo se vuelve loco de alegría con la noticia, y se casan.

Ella vive ya en una hermosa casa y tiene todo lo que había deseado: lujosos vestidos, pieles y joyas, y para completar su triunfo tiene un amante (Antonio Badú), quien para satisfacer sus caprichos desfalca el negocio del marido de ella.

Cuando el marido conoce la infidelidad, la echa a la calle sin nada.

Ella, en el pasado, en repetidas ocasiones rechazó el asedio de un viejo rico también (Andrés Soler), que conoce su falta de fidelidad y de escrúpulos; así que cuando ella es arrojada a la calle, lo busca y lo cita en el cabaret, donde ella canta, y trata de reconquistarlo, pero esta vez, el viejo, se da el lujo de rechazarla en forma humillante.

1944   "La Monja Alférez"

La Productora: CLASA FILMS.
El Director: Emilio Gómez Muriel.
El Reparto: José Cibrián, Ángel Garasa, Consuelo Guerrero de Luna, Delia Magaña, Fanny Schiller, Maruja Grifell.

Esta es una leyenda que pretende ser histórica, sobre una muchacha (María Félix) que es recluida en un convento contra su voluntad, por una tía que la quiere despojar de su patrimonio.

La monja se escapa del convento y para no ser recapturada se disfraza de un joven alférez, magnífico espadachín al que por su apostura asedian las mujeres.

Como el joven alférez, se llama Alfonso, pero en realidad la joven se llama Catalina.

Como el alférez vive extraordinarias aventuras haciéndose pasar por un caballero del Perú Virreinal, y como mujer, Catalina se enamora de Iván de Aguirre (José Cibrián), un verdadero caballero.

Después de muchas aventuras y duelos, que se supone que en realidad existieron, al fin el alférez desaparece para que Catalina viva feliz su amor.

1944 "Amok"

La Productora: CLASA FILMS.
El Director: Antonio Momplet.
El Reparto: Julián Soler, Stella Inda, Miguel Ángel Ferríz, José Baviera, Miguel Arenas, Eduardo Noriega.

Esta película está basada en la novela del mismo nombre del escritor Stephan Zweig, y es la historia de un médico (Julián Soler), que por amor a una mujerzuela (María Félix) comete un robo en el hospital en que trabaja y ante el temor de ser descubierto y encarcelado huye a un lugar lejano.

En ese lugar tropical establece un modesto consultorio y un día llega a verlo una fina dama (María Félix) que está embarazada y quiere dejar de estarlo. El médico queda mudo pues la dama es idéntica a la mujer por la que cometió el robo (María hace los dos papeles), y entonces el médico le propone que la ayudará si acepta tener relaciones con él.

La dama, que está casada con un hombre importante y rico (José Baviera), que se encuentra de viaje en ese momento, rechaza lo que el médico le propone y va con una comadrona que la destroza. Cuando el médico se arrepiente y va a buscarla, la dama está moribunda. Ella le pide que nunca rebele su secreto, y él se lo promete.

Cuando el marido vuelve y sospecha que algo raro ha pasado en su ausencia manda embalsamar el cuerpo para llevarlo a la ciudad para practicarle la autopsia.

Para salir del lugar en que se encuentran hay que hacerlo por mar, así que el marido sube el ataúd a un barco. El médico también lo hace y cuando la nave está por llegar a puerto, el médico deliberadamente hace que el ataúd caiga al mar y él se arroja también, por lo tanto el secreto no se sabrá jamás.

1945   **"El Monje Blanco"**

La Productora: CLASA FILMS.
El Director: Julio Bracho.
El Reparto: Tomás Perrín, Martha Elba Fombellida, Ernesto Alonso, María Douglas, Julio Villarreal, Consuelo Guerrero de Luna.

Película basada en la obra en verso de Eduardo Marquina, cuenta cómo una campesina Gálata Ursina (María Félix), cuya belleza es casi igual a la de la Virgen que es venerada por unos frailes de un monasterio, confunde a los religiosos que la toman por un milagro.

Un aristócrata del feudo, Hugo del Saso (Tomás Perrín) conoce a la campesina y se enamora de ella, y para encontrarse con su amada, se esconde bajo un hábito de fraile para ocultar su identidad.

Ella es el misterioso monje blanco que aparece y desaparece en los corredores del convento, donde se esconden los amantes.

Sin embargo, el conde se hará monje de verdad y posteriormente escultor y hará una estatua con las facciones de su amada.

1945   "Vértigo"

La Productora: CLASA FILMS.
El Director: Antonio Momplet.
El Reparto: Emilio Tuero, Lilia Michel, Julio Villarreal, Emma Roldán, Manolo Noriega.

Película basada sobre la novela *Alberta* de Pierre Benoit, nos cuenta la historia de una viuda joven y bella, Mercedes (María Félix), que tiene una hija adolescente llamada Gabriela (Lilia Michel), quien le comunica que pronto va a casarse.

Cuando llega el novio (Emilio Tuero) a la hacienda propiedad de la que será su suegra, se enamora perdidamente de ella. A su vez, Mercedes, que se había casado sin amor y había llevado una vida triste y solitaria, despierta a la pasión y al deseo con este hombre prohibido.

La pasión llega a consumarse. Mercedes sabe que ya es imposible que su hija se case con él, y ella por supuesto, tampoco podrá hacerlo y se arrepiente de haber permitido que pasara.

Desesperada, acaba matándolo, así no será para ella ni para su hija.

1946   **"La Devoradora"**

La Productora: GROVAS, S.A.
El Director: Fernando de Fuentes.
El Reparto: Luis Aldás, Julio Villarreal, Felipe de Alba.

Una bellísima muchacha de la alta sociedad llamada Diana (María Félix), queda "desamparada" al morir su padre. Pero un amigo de él, muy rico, por supuesto, y muy viejo también, le propone matrimonio a la joven para protegerla, mimarla, y para que pueda seguir llevando la vida de lujo y despilfarro a que está acostumbrada. Este hombre, don Alfonso (Julio Villarreal), está a punto ya de casarse con Diana, cuando llega del extranjero un sobrino, Miguel (Luis Aldás), quien se siente feliz por la felicidad del tío.

Diana, además, tiene un amante joven, pobre, llamado Pablo (Felipe de Alba), quien al saber que ella se va a casar la amenaza de muerte con una pistola. Ella se ríe del joven y lo desafía a que dispare, él no puede hacerlo y vuelve la pistola contra sí y se mata. Ella aterrada llama a don Adolfo para que la ayude. Este acude a su llamado y lleva consigo a su sobrino. Entre los tres urden un plan para deshacerse del cadáver. Esa noche fingen salir medio pasados de copas del departamento de ella, llevando al muerto entre los dos hombres y lo dejan en un lugar apartado del bosque de Chapultepec.

Por supuesto, el sobrino se enamora de la novia de su tío y ella le corresponde. Miguel le dice que deben informar a don Alfonso de sus sentimientos. Ella se opone y le dice que lo mejor es que ella se case y cuando el viejo muera serán felices con dinero y amor. Miguel se horroriza del cinismo de la mujer y decide impedir la boda a como dé lugar. Cuando ella ya está vestida de novia, como el otro enamorado, la amenaza con una pistola para que no se case. Ella piensa que con éste podrá hacer lo mismo, y lo desafía para que dispare. Pero se equivoca y Miguel sí lo hace y la mata de dos tiros, que misteriosamente no manchan de sangre el vestido blanco.

1946   **"La Mujer de Todos"**

La Productora: FILMEX, S.A.
El Director: Julio Bracho.
El Reparto: Armando Calvo, Gloria Lynch, Alberto Galán, Patricia Morán, Arturo Soto Rangel, Ernesto Alonso.

Un coronel del Ejército Mexicano (Alberto Galán), está en Madrid, a principios del siglo, y tiene una amante (María Félix). El coronel está por regresar a México y decide llevar consigo a la bella amante, por la que ya se ha suicidado un hombre despechado (Ernesto Alonso). Al llegar a México, el novio de la hija del coronel (Patricia Morán), un joven capitán del ejército (Armando Calvo) que ha ido a la estación del ferrocarril a recibir al coronel, a la que encuentra es a la amante, que por supuesto no sabe quién es. El capitán la corteja, se ven un par de veces y se enamoran perdidamente.

El capitán piensa romper su compromiso con la hija del coronel, y una noche que éste tiene que acompañar a su esposa a la ópera, pide al capitán que acompañe a la amante. Cuando el capitán descubre quién es el amante de la mujer que ama, huye, sin decir nada, a una bella población junto al mar. La mujer desesperada, averigua dónde está el capitán y va en su busca y en esa idílica población pasan días muy felices.

Los amantes regresan a la ciudad, y ella se da cuenta que no podrán ser felices. Llama al coronel y cita también al capitán para decirles a éste que al que ama es al coronel. Pero los hombres se retan a duelo. En el campo de honor, el coronel falla el tiro, y como el capitán lo aprecia de verdad, dispara al aire.

La mujer, al oír que se aproxima un desfile militar se asoma al balcón de su casa y ve pasar, gallardamente montados en sus respectivos corceles, a sus dos enamorados sanos y salvos. Resignada, la mujer regresa a España.

1946   "Enamorada"

La Productora: PANAMERICAN FILMS.
El Director: Emilio Fernández.
El Reparto: Pedro Armendáriz, Fernando Fernández.

Beatriz Peñafiel (María Félix) es una joven heredera de un rico hacendado, bella, altiva, orgullosa y que tiene un novio norteamericano con el que se va a casar.
   Una mañana la joven sale para ir a misa y en el camino hacia la iglesia tiene que subir una banqueta muy alta. Por ello se levanta la falda y muestra una bella pierna. El general José Juan Reyes, que la ha venido siguiendo, dice: ¡Qué chamorro tan lindo, por volverlo a ver, me aguantaría una cachetada! La joven, sin decir nada, se levanta la falda hasta las rodillas y muestra su bien formadas pantorrillas. Después se acerca al general, lo mira desafiante y la planta una sonora cachetada y dice: ¡Como me vio los dos, ahí le va la otra!, y le da otra más violenta que la anterior. Así empieza una lucha y un desafío entre los dos.
   Él la corteja. Ella lo rechaza con altanería. Una noche va a visitarla llevándole flores. Él está en la puerta de la casa de ella, por fuera. Ella, en la misma puerta, por dentro. Él le habla, ella le dice que se acerque bien porque no oye. Cuando él se ha acercado bastante, ella con un grueso palo da un golpe muy fuerte en la puerta y casi le revienta el oído mientras que estalla en carcajadas.
   Al final, ella está a punto de casarse, frente al juez, cuando oye que la tropa del general se está retirando de la plaza para ir a otro destino. Cuando llega el momento de estampar su firma en el libro, se atora con su collar de perlas y lo rompe. Reacciona y sale corriendo a unirse a la tropa y se coloca a un lado del caballo del general y camina lentamente con él hacia su futuro en común.

Esta película le gustó tanto a Paulette Goddard que vino a México para hacer la versión idéntica en inglés, con los mismos actores y el mismo director, tomando ella el papel de María Félix.

1947   "La Diosa Arrodillada"

La Productora: PANAMERICAN FILMS.
El Director: Roberto Gavaldón.
El Reparto: Arturo de Córdoba, Charito Granados, Fortunio Bonanova, Rafael Alcayde, Carlos Baena.

Una modelo llamada Raque (María Félix), posa desnuda para una escultura. Un hombre importante y millonario (Arturo de Córdoba), compra la escultura como regalo de bodas para su esposa Elena (Charito Granados), y la instala en el jardín de la casa. Él no sabe que la modelo que posó es una mujer que fue su amante tiempo atrás.

Al contemplar la escultura todos los días, el deseo del hombre por aquella mujer renace y lo impulsa a buscarla, cuando la encuentra ella lo rechaza. Él la asedia y ella huye a Panamá donde trabaja cantando en un cabaret. Él la sigue, insiste con desesperación y la convence. Reanudan las relaciones.

La esposa está muy enferma y durante una fiesta en que celebran su cumpleaños, se supone que él pone veneno en la copa de la esposa y ella muere.

La modelo insiste en que se casen, pero el hombre es detenido y encarcelado, acusado por el homicidio de su esposa. Pero cuando se le hace la autopsia al cadáver se aclara que no fue envenenada y que murió por causas naturales.

Cuando Raquel se entera de esto, corre a informarle al amante, pero llega tarde. Él, acosado por los remordimientos, se suicida.

1947   **"Río Escondido"**

La Productora: PRODUCCIONES RAÚL DE ANDA.
El Director: Emilio Fernández.
El Reparto: Domingo Soler, Carlos López Moctezuma,
                Fernando Fernández, Columba Domínguez.

Una joven maestra rural, Rosaura Salazar (María Félix), sale llena de ilusiones e ideales a cumplir con su deber en un pequeño y paupérrimo pueblo llamado Río Escondido. Este pueblo ubicado en una zona desértica, sufre una sequía casi total y constante.

Al llegar, la maestra se encuentra con que la escuela está convertida en la caballeriza del horrendo cacique del pueblo, un despiadado y atrabiliario militar (Carlos López Moctezuma), quien en cuanto ve a la joven decide que será para su personal distracción.

La maestra, con gran determinación, reacondiciona la escuela y empieza a dar clases a los pequeños del pueblo. El cacique, para congraciarse con ella, manda que le instalen una rudimentaria regadera para que pueda bañarse con más o menos frecuencia. El cacique que tiene como amante a la maestra anterior (Columba Domínguez), y quien ahora le estorba para sus planes, la manda con sus esbirros para que la acompañen de vuelta a su pueblo, con la consigna de que en el camino la maten.

Una noche en que el cacique está borracho y furioso por los desprecios de la joven, irrumpe en la escuela, donde ella vive también y trata de forzarla; pero ella, que tiene una pistola que le ha dado para que se proteja el doctor del pueblo (Fernando Fernández) y quien por supuesto está enamorado de ella, lo mata de varios tiros.

Durante una terrible sequía ella sufre mucho al ver cómo la gente hace una peregrinación con el Cristo de la iglesia para suplicar al cielo algo de lluvia. Ella tenía mala salud y con tanta privación y angustias, se agrava y muere.

1947   "Que Dios me Perdone"

La Productora: FILMEX.
El Director: Tito Davison.
El Reparto: Fernando Soler, Julián Soler, Tito Junco, Fanny Schiller, José Baviera, Carmelita González.

Una espía, Lena Kovac (María Félix), llega a México huyendo de la guerra en Europa. Al abandonar su país deja tras de sí a su pequeña hija que está prisionera en un campo de concentración.

Para sobrevivir ella canta en un elegante centro nocturno que es frecuentado por un rico industrial, ya maduro y viudo (Fernando Soler), que se enamora de ella y le pide que se case con él. El marido tiene una hija (Carmelita González) quien a su vez tiene un novio (Tito Junco), hombre ambicioso y sin escrúpulos que desea a Lena desde que la ve por primera vez.

Otro espía (José Baviera), que conoce el pasado de Lena la chantajea por medio de una supuesta amiga de ella (Fanny Schiller), quien le hace creer que su hija aún vive y que con dinero es posible traerla para que se reunan las dos. Por supuesto ella entrega dinero y joyas a estas gentes sin escrúpulos que saben que la niña ha muerto ya.

Un amigo del marido de Lena, médico psiquiatra (Julián Soler) ama en secreto a Lena y la protege a distancia. El novio de la hija descubre los pagos que ha hecho Lena a los chantajistas y a su vez la chantajea por rebelarle al marido la verdad si no le corresponde. Aún más, planea un viaje a Patzcuaro para asesinar al marido. Durante el paseo ella le da un somnífero que tendría que haber dado al marido, al canalla, y cuando éste se da cuenta de que lo ha traicionado voltea el bote para que todos mueran ahogados, pero ella logra salvarse.

El médico que llega tarde a Patzcuaro, no participa en el paseo y se pone a filmar el lago y de esta manera, sin propónerselo, tiene la prueba de la inocencia de ella en el accidente y quedan libres para esperar un mañana juntos.

1948   "Maclovia"

La Productora: FILMEX.
El Director: Emilio Fernández.
El Reparto: Pedro Armendáriz, Carlos López Moctezuma, Columba Domínguez, Arturo Soto Rangel, Miguel Inclán, Roberto Cañedo.

Maclovia (María Félix) es una bella indígena de la isla de Janitzio, que está enamorada de un pescador (Pedro Armendáriz) y esperan casarse cuando él pueda comprar su propia lancha para poder pescar en el lago.

La lancha cuesta una cantidad casi inalcanzable para la pareja, pero ellos luchan sin descanso por lograr realizar sus ilusiones.

Pero en el camino hacia su felicidad hay muchos obstáculos; uno muy peligroso es un sargento del ejército, abusivo, torvo y arbitrario, que encarcela al pescador para poder acosar a Maclovia y realizar sus malévolas intenciones. Otro obstáculo es Sara (Columba Domínguez), otra bella indígena intrigante y envidiosa, que como está enamorada del pescador trata de interponerse entre ellos.

El padre de Maclovia (Miguel Inclán), también está en contra de que su hija se case con el pescador, que es muy pobre, y le prohibe que siquiera hable con él.

Cuando el pescador logra huir de la cárcel y se reune con su amada, el pueblo está a punto de lincharlo, azuzado por las intrigas de Sara; pero los enamorados logran llegar hasta una lancha y reman hacia un futuro que los espectadores desean que sea más feliz de lo que hasta ese momento han vivido.

1948   "Doña Diabla"

La Productora: FILMEX.
El Director: Tito Davison.
El Reparto: Víctor Junco, Croz Alvarado, José Ma. Linares Rivas, José Baviera, Dalia Íñiguez, Beatriz Ramos.

Esta historia está basada en una obra de Luis Fernández Ardavín, autor español conocido en México por otra de sus obras *La Dama de Armiño*, que tuvo bastante éxito.

"Doña Diabla" (María Félix), es al principio de la película una bella y sencilla provinciana que se casa muy enamorada de un joven hombre de negocios (Crox Alvarado), quien es un cínico ambicioso, capaz de cualquier bajeza por obtener una buena posición económica y social. Este tipo tiene un jefe, hombre poderosos y muy rico que cuando conoce a la joven se encapricha en tenerla. Empieza a acediarla y al fin claramente le dice que si quiere que su marido progrese tendrá que ser amable con él. Ella humillada, le pide al marido que renuncie y regresen al pueblo, pero él se ríe de ella y le dice que no sea estúpida y acepte los galanteos de Sotelo (J.M. Linares R.). Ella se horroriza de la bajeza del marido y se traza una venganza.

Al día siguiente va a ver a Sotelo y le dice que aceptará sus proposiciones, y le pide, primero, que mande al marido lejos y segundo, que espere a que ella vuelva de un corto viaje que tiene que hacer. Sotelo acepta. El corto viaje es para tener una hija. Cuando vuelve, empieza a realizar su venganza contra todo y contra todos. El primero que paga es el mismo Sotelo y después otro y otro y otro. Al mismo tiempo acumula riquezas y pasa por ser una dama de negocios.

Cuando es una mujer madura se topa con un joven aventurero, Adrián (Víctor Junco), que la atrae y se convierte en su cómplice y amante. Ambos hacen toda clase de negocios sucios usando como frente una casa de modas.

La hija que ha estado en un internado huye para vivir con la madre y se enamora del canalla. Él aprovecha y le propone que huyan juntos. Cuando están a punto de hacerlo la mujer mata al amante y se entrega a la justicia.

1948   "Mare Nostrum"

La Productora: SUEVIA FILMS.
El Director: Rafael Gil.
El Reparto: Fernando Rey, Eduardo Fajardo, Guillermo Marín, Porfiria Sanchíz.

Esta película, la primera que María Félix filma en Europa, está basada en la novela del mismo nombre del novelista español Vicente Blasco Ibáñez

Por supuesto se hacen cambios al original y la espía Freya (María Félix), ejerce esta actividad durante la Segunda Guerra Mundial en lugar de la Primera, pero eso sí, con la misma eficacia.

Freya aprovecha todas las ocasiones que se le presentan para obtener la información que busca, y se enamora de un hombre con el que no tendrá ningún futuro.

Inevitablemente, es arrestada por la policía militar y es fusilada frente al mar.

1949   "Una Mujer Cualquiera"

La Productora: SUEVIA FILMS.
El Director: Rafael Gil.
El Reparto: Antonio Vilar, Eduardo Fajardo, Mary Delgado, José Nieto.

La película cuenta la historia de una mujer a la que se le muere su hijo y el marido la abandona.

Ella trata de rehacer su vida y el destino la lleva de tumbo en tumbo hasta conocer a un hombre que con mala fe la involucra en el asesinato de un hombre relacionado con el hampa.

La mujer trata de huir de esa relación, pero ya es tarde, porque la policía la busca, pues el asesino ha dejado huellas que la ligan claramente con el asesinato.

Cuando ella se reencuentra con el delincuente, éste finge amarla para convertirla en su cómplice, y le propone que traten de huir juntos. Pero ella se da cuenta del engaño y desesperada lo mata y se entrega a la policía.

1950   "La Noche del Sábado"

La Productora: SUEVIA FILMS.
El Director: Rafael Gil.
El Reparto: Rafael Durán, Manolo Fábregas, María Rosa Salgado, José Ma. Soane.

La película está basada, nuevamente, en una obra conocida de un famoso escritor español, don Jacinto Benavente.

En un país imaginario, una joven (María Félix), trabaja en una taberna que al mismo tiempo es medio teatro y medio circo. La joven también se vende en las calles, donde un día se encuentra con un escultor que hace una bella estatua de ella y la llama Imperia.

La joven se convierte en una poderosa y rica mujer que maneja secretos y hechos que le dan un gran poder. El príncipe Florencio (Manolo Fábregas) es asesinado una noche durante una fiesta y la bella Imperia lleva el cadáver a su casa, donde convence a la policía que él mismo se ha suicidado.

Ella tiene una hija que está casada con un malviviente, y esta muchacha en verdad sí se suicida.

Al hacer una reflexión sobre su vida, Imperia termina destruyendo la estatua que la había convertido casi en una diosa.

1951   "La Corona Negra"

La Productora: SUEVIA FILMS.
El Director: Luis Saslavsky.
El Reparto: Rossano Brazzi, Vittorio Gassman, José Ma. Lado, Pieral, Julia Caba Alba, Concha López Silva.

Esta extraña película, filmada en Marruecos, está basada en un argumento escrito por Jean Cocteau, el reconocido poeta francés, que cuenta la historia de una mujer llamada Mara (María Félix), que ha asesinado a su marido, ha perdido la memoria y vaga sin rumbo por las calles de Tánger.
    Un ingeniero (Rossano Brazzi), encuentra a la mujer y se enamora de ella, y la ayuda para que vaya recordando poco a poco su pasado que está ligado a una misteriosa llave que lleva siempre consigo.
    Un antiguo amante, que es su cómplice en el asesinato de su marido (Vittorio Gassman) la encuentra y la secuestra. En una riña, ella lo mata.
    La misteriosa llave corresponde a la cripta de un panteón, donde ella ocultó un cofre conteniendo una enorme fortuna en piedras preciosas.

1951   "Mesalina"

La Productora: PRODUZIONE GALLONE.
El Director: Carmina Gallone.
El Reparto: Georges Marchal, Delia Scala, Jean Tissier, Giuseppe Varni.

Esta película nos cuenta un pasaje basado en la historia. Que Mesalina existió no hay duda. Que lo que nos cuenta la película sea totalmente real, no.

De cualquier manera, Mesalina (María Félix), fue la tercera esposa del emperador romano Claudio, con el que tuvo dos hijos. Una hija, Claudia, y un hijo, Británico.

Mesalina, mucho más joven que su marido, vive desenfrenadamente. No acepta nada que no sea su gusto y su placer, organiza fiestas orgiásticas y no se detiene ante nada. Mata a sus rivales en amores, así como a los amantes que ya la han aburrido.

Entre éstos, se enamora de un alto oficial del ejército romano. Cuando la furia del emperador Claudio se vuelca sobre ella, el oficial trata de salvarla, pero no tiene éxito y Mesalina es, a su vez, asesinada.

1951   "Hechizo Trágico"

La Productora: EPIC FILMS.
El Director: Mario Sequi.
El Reparto: Rossano Brazzi, Charles Vanel, Massimo Serato, Irma Gramatica.

En un pueblo pobre y árido de la Toscana en Italia, vive una joven muy bella, hija de una familia de Campesinos. La joven se sabe hermosa y desea fortuna. En la fiesta del pueblo ella baila con un guapo mozo que es el hijo mayor de un viejo campesino que tiene muchas tierras y es avaro.

Los jóvenes se comprometen y se casan. El viejo campesino va a la ciudad a comprar un collar para regalar a su nuera. De regreso al pueblo, lo atrapa una tormenta y se refugia en una iglesia abandonada y casi en ruinas en donde encuentra un cofre lleno de joyas. El campesino avaro, lleno de felicidad, lleva el cofre a su casa y lo esconde debajo de unos tablones en su cuarto.

El cuñado de la joven, hermano menor de su marido, está enamorado de ella y le regala, en secreto, un arete valioso. Por su parte, la joven descubre el tesoro de su suegro y lo chantajea. En el cofre está el otro arete y el collar que forman el juego. Pero como es ambiciosa, quiere todo, y se confabula con el cuñado para apoderarse del cofre y huir juntos después. El muchacho espera que el padre esté durmiendo para entrar a robar el cofre, mientras que la joven lo espera en unas ruinas que están a la salida del pueblo, desde donde partirán juntos.

Pero el joven hace un ruido y el padre despierta, toma su escopeta y dispara al que cree es un ladrón. Antes de morir, el muchacho pide a su hermano que vaya por su esposa y el dice donde está. Cuando el marido llega a donde se encuentra, el caballo de la mujer se encabrita y la derriba. El marido la toma en sus brazos y ella le pide que la perdone, y muere.

1952   "La Pasión Desnuda"

La Productora: FILMADORA INTERAMERICANA.
El Director: Luis César Amadori.
El Reparto: Carlos Thompson, Eduardo Cuitiño, Héctor Calcagno, Miriam Jones.

Una bella mujer de los bajos fondos, poseída por una terrible sed de venganza, cautiva a los hombres, usando su belleza como un arma, para consumar poco a poco esa venganza.

No se detiene ante ningún obstáculo y acepta situaciones muy humillantes y vejatorias, y se vuelve cada vez más cruel.

Cuando se da cuenta de los daños que ha causado, se arrepiente y queda muy lastimada anímicamente.

1953   "Camelia"

La Productora: FILMEX.
El Director: Roberto Gavaldón.
El Reparto: Jorge Mistral, Carlos Navarro, René Dumas, Miguel Ángel Ferríz.

Esta película se basa en la conocida obra de Alejandro Dumas *La Dama de las Camelias*, transportada, por supuesto, a nuestra época y a México.

Camelia (María Félix), es una actriz de teatro que está muy enferma, y representa con éxito *La Dama de las Camelias*. Como la heroína que interpreta en el teatro, Camelia tiene también muchos amantes que la llenan de mimos, de lujos y de joyas.

Una tarde asiste a una corrida de toros y el torero (Jorge Mistral), le brinda la muerte del toro. Ella, para demostrarle su agradecimiento, le envía en la montera un cheque. El torero se indigna, y para hacer las cosas más desagradables, el torero es herido por el toro, aparte de que ha sido herido ya de muerte por los ojos de Camelia.

Cuando sale del sanatorio, busca a la actriz, que también se enamora de él. Después de varios encuentros y desencuentros, deciden casarse. Al estar a punto de hacerlo, aparece un hermano del torero y le dice a éste, que ella ha sido su amante también. El casamiento se cancela.

Al poco tiempo, mientras ella representa su papel en el teatro, al final de la obra, muere en verdad en escena, y el torero queda desolado.

1953   "Reportaje"

La Productora: TELE-VOZ
El Director: Emilio Fernández.
El Reparto: Jorge Negrete, Dolores del Río, Arturo de Córdoba, Pedro Infante, Carmen Sevilla, Roberto Cañedo, Columba Domínguez, Amanda del Llano y muchos más.

Esta película multiestelar se hizo para recaudar fondos para la Asociación de Críticos Cinematográficos. La ANDA apoyó el proyecto y los principales actores de México trabajadores sin cobrar nada.

La historia cuenta que el director de un periódico, en la noche del año viejo, ofrece una buena suma a sus reporteros, la que se entregará al que, por supuesto, traiga el mejor reportaje antes de que inicie el Año Nuevo.

La anécdota en que participaron Jorge Negrete y María relataba que una supuesta actriz del cine alquilaba un cuarto en un hotel para descansar y estudiar el papel que representaría al día siguiente ante las cámaras. Al mismo tiempo, un cantante que había alquilado otro cuarto del hotel, ensayaba las canciones que debía cantar en una película. Ella furiosa porque no la dejaba concentrarse, va al cuarto del cantante ataviada con un horrible camisón y con la cara cubierta por una mascarilla para mejorar su cutis, y el pelo enrollado en tubos. Cuando el cantante abre la puerta casi se infarta con el espantajo y la corre con cajas destempladas.

Al día siguiente cuando la ve salir del cuarto, ya arreglada para ir a su filmación, el cantante casi vuelve a infartarse, pero ahora por su belleza.

1953   "El Rapto"

La Productora: FILMADORA ATLÁNTIDA.
El Director: Emilio Fernández.
El Reparto: Jorge Negrete, Andrés Soler, Rodolfo Landa, Emma Roldán, José Elías Moreno, José Ángel Espinosa "Ferrusquilla", Beatriz Ramos.

El dueño de un rancho ubicado en un pueblo del campo mexicano se va de viaje y el rancho queda supuestamente abandonado.
   Un día llega al pueblo una mujer con su sirvienta, y expresa a las autoridades locales su deseo de comprar el rancho. Los cuatro hombres (A. Soler, J. E. Moreno, R. Landa y "Ferrusquilla") que representan a las autoridades, deciden venderle el rancho a la mujer (María Félix), que lo paga en efectivo. Dinero que se reparten equitativamente los cuatro tramposos.
   Después de un tiempo, el dueño del rancho (Jorge Negrete) regresa para encontrarse con la desagradable sorpresa de que ya tiene otra dueña. Entonces Empieza una lucha entre los dos dueños y viceversa, sin que ninguno de los dos dé su brazo a torcer. Se hacen mutuamente todo tipo de groserías y se dicen toda clase de cosas feas.
   El hombre es el primero que cede al amor, pero ella es muy rejega y lo desprecia. El hombre se harta de tanto pleito y tantas groserías y se va a ir para siempre. Entonces la mujer cede y le pide que no se vaya y se quedan ambos como dueños del rancho.

1954   "La Bella Otero"

La Productora: ASTORIA FILMS.
El Director: Richard Pottier.
El Reparto: Jacques Berthier, Paolo Stopa, Louis Seigner.

Esta película está basada en la vida de Carolina Otero, una bella cantante española que triunfó ruidosamente en París a principios del siglo, y que aún vivía cuando María Félix la interpretó en el cine.

    Cuando Carolina (María Félix) llega a París toca algunas puertas de empresarios que no se abren. Pero un día audazmente sube hasta la oficina de un agente de variedades, quien iba saliendo y no podía, por lo tanto, atenderla y escucharla. Ella, ni corta ni perezosa, empieza a bajar las escaleras delante de él, cantándole una bella y alegre canción. A él le agrada y la promueve.

    Ella triunfa clamorosamente, y los hombres mueren literalmente por ella, pues varios enamorados llegan a suicidarse por su amor. La cortejan príncipes, duques y simples mortales con mucho dinero que la rodean de lujos.

    La película termina cuando Carolina es todavía joven, bella, famosa y rica, aunque quizá no muy feliz.

1954   "French Can-Can"

La Productora: JOLLY FILMS.
El Director: Jean Renoir.
El Reparto: Jean Gabin, Françoise Arnoul, Jean Robert, Michel Piccoli y Edith Piaf.

Un empresario teatral un tanto fracasado (Jean Gabin), tiene una amante (María Félix), bella mujer que forma parte de su elenco artístico, pero es una mujer con recursos económicos, por lo que gana con su trabajo y por los obsequios de amigos generosos.

El empresario desea crear un restaurante-cabaret-teatro donde presentan un espectáculo vibrante para lo que trata de revivir el baile llamado Can-Can.

La amante lo apoya económicamente en esta empresa, y él se da a la tarea de buscar jovencitas que sepan bailar para integrar su ballet. Entre estas chicas hay una de la cual se enamora (Françoise Arnoul), razón por la que tiene problemas con la otra.

Sin embargo, los planes siguen adelante y el proyecto que se supone da origen a lo que es el "Moulin Rouge" llega a feliz termino, y la película termina con una secuencia muy larga y bella de una versión inigualable del Can-Can.

1955   "Los Héroes están fatigados"

La Productora: TILA-TERRA.
El Director: Yves Ciampi.
El Reparto: Ives Montand, Curt Jurgens, Jean Servais.

Un par de aviadores que han luchado en la Segunda Guerra Mundial, uno en el lado de los Aliados (Ives Montand), y el otro en el Ejército Alemán (Curt Jurgens), se encuentran ya terminada la contienda y deciden llevar a cabo un importante robo de brillantes en África, para después retirarse a disfrutar de la vida.

En el camino se hospedan en un hotelucho. Los dueños del lugar son un borrachín (Jean Servais) y su mujer (María Félix), una hembra bella, dura, que los trata con desprecio.

El aviador francés y la mujer se involucran sentimentalmente. El romance es tormentoso y la mujer acaba pagando algunas de las que debe.

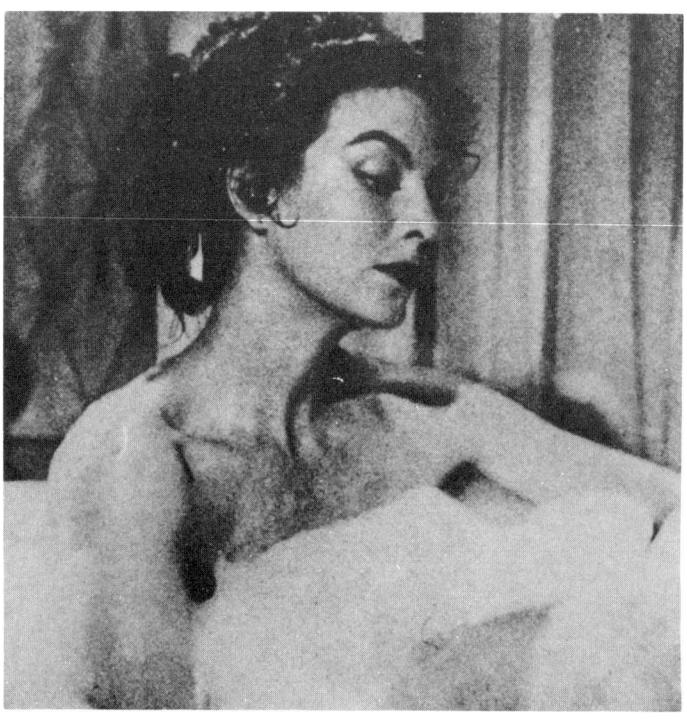

1955   "La Escondida"

La Productora: ALFA FILMS.
El Director: Roberto Gavaldón.
El Reparto: Pedro Armendáriz, Andrés Soler, Domingo Soler, Jorge Martínez de Hoyos, Carlos Agosti.

Una joven campesina (María Félix) que se gana la vida vendiendo agua miel a los viajeros que pasan por el pueblo a bordo de los trenes, tiene un novio (Pedro Armendáriz) y un día llega la leva y se lo lleva. Ella cree haberlo perdido para siempre y se va a la ciudad.

Ahí encuentra un protector que es un general del ejército ejército federal (Andrés Soler), que por supuesto la mantiene escondida.

Pasa el tiempo, y un día que ella sale al balcón para ver los fuegos ar-. tificiales, en otro balcón de la acera de enfrente, está el hombre que ella ha amado y que creía muerto y ahora es general de la revolución.

Los enamorados se reunen y tienen un lapso de felicidad.

En otra ocasión en que salen al balcón para presenciar otra celebración, ella muere accidentalmente al ser herida por una bala perdida.

1955 "Canasta de Cuentos Mexicanos"

La Productora: JOSÉ KAHN.
El Director: Julio Bracho.
El Reparto: Pedro Armendáriz.

Esta película está compuesta por tres cuentos escritos por el famoso Bruno Traven. En el primero actúan Arturo de Córdoba y Lorraine Chanel. En el tercero Marie Blanchard y Jack Kelly.

El segundo es la historia que interpretan María Félix y Pedro Armendáriz, y cuenta cómo una indómita muchacha rica y bella se ríe y desprecia a los hombres.

Cuando se encuentra con un hombre de campo, fuerte, rico y guapo, se enamora de él y se casan. Ella hace alarde de manejar a su marido, él con buen cálculo, toma las cosas con calma hasta que lleguen al rancho de su propiedad.

Cuando se ha instalado en su hogar, un día que él regresa de las labores del campo, le pide a su mujer que le traiga un café, a lo que ella se niega. Entonces él se lo pide a un loro, que por supuesto no puede dárselo y él lo mata. Después se lo pide a un gatito, que naturalmente tampoco puede dárselo y también lo mata. Acto seguido, se lo pide a su bello caballo y como también será imposible que se lo traiga, la mujer aterrada ante la posibilidad de que mate al noble animal, se levanta de donde ha estado viendo lo que hacía su marido y le pide que no mate al caballo, le dice que ella le traera el café que quiere.

A partir de ese momento ella se vuelve dócil y accesible.

1956   "Tizoc"

La Productora: PRODUCCIONES MATOUK.
El Director: Ismael Rodríguez
El Reparto: Pedro Infante, Eduardo Fajardo, Julio Aldama, Alicia del Lago, Andrés Soler, Miguel Arenas.

En un pequeño pueblo de Oaxaca, un supuesto príncipe indígena, llamado Tizoc (Pedro Infante), se mantiene mediante la caza de animales del monte para vender sus pieles.

El buen indígena es muy devoto, y es ahijado del cura del pueblo (Andrés Soler) y asiste regularmente a la iglesia donde se venera a la Virgen María. Una joven indígena (Alicia del Lago) está enamorada de Tizoc y el hermano de ella (Julio Aldama) lo odia y jamás permitirá que ellos se casen.

Un rico hacendado de la región viene de la ciudad con su hija. Ella ha sufrido una decepción amorosa y quiere refugiarse en ese lugar para recuperarse. La joven (María Félix) de la ciudad se parece mucho a la virgen venerada en el pueblo y Tizoc se vuelve loco de alegría, pues cree que ella es verdaderamente la madre del Señor, pero el cura le asegura que la joven es una simple mortal como él. Entonces el amor divino se vuelve terrenal y Tizoc se enamora desesperadamente de la joven.

El novio (Eduardo Fajardo) viene también para recuperar a la novia enojada. Tizoc se entera de la presencia de este hombre y se roba a la joven y la lleva al monte donde la oculta en una cueva. El novio y varios soldados buscan al raptor y a su víctima, al mismo tiempo que el padre y el hermano de la muchacha indígena lo buscan también para matarlo. El cura trata de intervenir para salvarlos. Sin embargo, la joven es alcanzada por una flecha disparada por el hermano furioso, y muere en los brazos de Tizoc. Este arranca la flecha del cuerpo de su amada y se la clava él mismo, y muere con ella.

1957   "Flor de Mayo"

La Productora: CINEMATROGRÁFICA LATINOAMERICANA.
El Director: Roberto Gavaldón.
El Reparto: Jack Palace, Pedro Armendáriz, Carlos Montalván, Domingo Soler, Jorge Martínez de Hoyos, Emma Roldán.

Película basada sobre una novela de Vicente Blasco Ibáñez que fue bastante modificada. Nos cuenta la historia de un pescador (Pedro Armendáriz) que está casado con una guapa mujer (María Félix) y tiene un hijo.

Un día llega al puerto un extranjero (Jack Palace), que es amigo del pescador y le propone un negocio que él ingenuamente acepta sin darse cuenta de que es algo ilícito.

Otro amigo extranjero (Carlos Montalván) le dice al pescador que su hijo en realidad es del otro extranjero, quien fue amante de su mujer en el pasado.

El pescador confirma la infidelidad de su mujer y empieza a tratar al niño con frialdad. Entonces la mujer decide informar a su antiguo amante la verdad sobre el niño y acuerdan en escapar junto con el hijo.

El pescador, amargado, piensa matar al amigo traidor. Pero un sacerdote (Domingo Soler), lo convence de no cometer semejante pecado.

Al fin la mujer prefiere quedarse y buscar el perdón de su marido.

1957   **"Faustina"**

La Prodúctora: SUEVIA FILMS.
El Director: José Luis Sáenz de Heredia.
El Reparto: Fernando Fernán Gómez, Fernando Rey, José Isbert.

Ésta es la última película que María Félix filmó en Europa, y está basada en la obra del inmortal poeta Goethe sobre el hombre que vende su alma para recuperar su juventud. Por supuesto, la adaptación para el guión de esta película hace que sea una vieja y fea mujer que regentea el hotel, la que vende su alma para volver a ser joven y vivir lo que nunca pudo hacer.

    Al volver a ser joven, participa y gana un concurso de belleza. Se convierte en vedette y canta en un Club nocturno (esta vez con su verdadera voz, la propia, no prestada como en otras películas).

    Por supuesto se enamora y se las ingenia para al final ganarle la partida al mismísimo chamuco y salirse con la suya.

1958   "Miércoles de Ceniza"

La Productora: FILMEX.
El Director: Roberto Gavaldón.
El Reparto: Arturo de Córdoba, Víctor Junco, Rodolfo Landa, Andrea Palma, María Rivas.

Esta historia, escrita por un amigo de María, el dramaturgo Luis G. Basurto, nos cuenta cómo una joven que cae al agua al voltearse su lancha, es rescatada y posteriormente violada por un hombre que resulta ser un sacerdote (Rodolfo Landa).

La mujer ni olvida ni perdona esta afrenta y en el curso de los años se endurece y se dedica a cobrar venganza en cuanto hombre se le para enfrente, a la par que va acumulando fortuna y poder y odio por el clero. En su turbulento camino se encuentra con un hombre joven y guapo (Víctor Junco) con el que se casa y por supuesto el matrimonio no funciona.

En un viaje por ferrocarril, durante la revuelta de los Cristeros, ella conoce al doctor Lamadrid (Arturo de Córdoba), hombre fino e inteligente, que le habla con tono convincente del dogma cristiano y trata de hacerla reflexionar. Entre ellos nace una amistad que en ella se vuelve amor, y una noche que él la visita en su casa, una persona se pone grave y solicita un sacerdote. El doctor Lamadrid dice que él se hará cargo de esa persona pues él es sacerdote. La mujer desesperada, le dice que eso no puede ser verdad; que ella lo ama y está segura de que él la ama también. Él acepta que es verdad que la ama, pero con un amor puro que brota del alma y del deseo de salvarla.

Al fin la mujer vuelve a la iglesia y recibe la ceniza de manos del doctor Lamadrid. Ambos se miran con una expresión de placidez y ternura.

1958   "Café Colón"

La Productora: FILMADORA CHAPULTEPEC.
El Director: Benito Alazraki.
El Reparto: Pedro Armendáriz, Luis Beristáin,
                  Jorge Martínez de Hoyos, Francisco Jambrina.

En esta película se trata de revivir un lugar que fue muy popular en el México de principios de siglo, el "Café Colón". Ahí una cantante (María Félix) que entretiene a una elegante clientela, así como a soldados del ejército federal, tiene un enamorado que es general de dicho ejército.

Pero un general zapatista (Pedro Armendáriz) que llega con su tropa a la capital, se vuelve asiduo del Café Colón, y por supuesto, se enamora de la cantante.

Uno de los soldados del general zapatista ha robado unas joyas y se las ofrece a la cantante si ella corresponde a su pasión amorosa. El general que conoce este desagradable proceder de su subalterno, lo hace arrestar y lo encarcela.

Al fin, el general zapatista y la cantante, que lo ha refinado y convertido en un catrín, se casan y probablemente serán muy felices.

1958   "La Estrella Vacía"

La Productora: PRODUCCIONES CORSA.
El Director: Emilio Gómez Muriel.
El Reparto: Ignacio López Tarso, Enrique Rambal, Tito Junco, Carlos López Moctezuma, Ramón Gay, Mauricio Garcés, Rita Macedo, Carlos Navarro, Luis Aldás, José Luis Jiménez, Wolf Rubinsky.

Esta película está basada en la novela del popular escritor mexicano Luis Spota, y nos cuenta cómo una muchacha pueblerina, muy bella, llega a la capital con el sueño de convertirse en estrella. La película empieza cuando esa muchacha Olga Lang (María Félix), ha triunfado ya, es famosa y muy rica, y se sospecha que ha muerto en un accidente de aviación.

    Las personas que la rodearon y convivieron con ella se reunen en su casa para esperar noticias sobre ella, y van hablando de la relación que cada uno tuvo con la desaparecida. Un poco a lo "Rashomon", cada quien habla de ella desde su propia experiencia y así nos vamos enterando que su amiga más cercana (Rita Macedo) la presenta con un periodista que principia (Ignacio López Tarso) y se enamoran. Pero ella, en su afán de lograr su propósito, lo engaña con un asistente de director (Mauricio Garcés) que le consigue un papelito en una película.

    Más adelante, Olga conquista y somete a sus caprichos al gerente de unos estudios cinematográficos (Enrique Rambal), quien la ayuda a seguir subiendo. La noche en que obtiene un premio por su actuación, la conoce el dueño de los estudios (Carlos López M.) y la obtiene para sí. La vida de ella con este hombre es un infierno. A sus espaldas lo engaña con un compositor (Ramón Gay) del que sí se enamora, y cuando el magnate muere, se casa con él. Éste resulta un vividor de primera que le tira su fortuna y además, la engaña con las actrices jóvenes.

Ante el fracaso de su vida como mujer, se aferra a su éxito como actriz y acepta ir a filmar a España, para huir un tiempo de su mal ambiente, y es cuando su avión se estrella.

1958   "La Cucaracha"

La Productora: PELÍCULAS RODRÍGUEZ.
El Director: Ismael Rodríguez.
El Reparto: Dolores del Río, Pedro Armendáriz, Emilio Fernández, Ignacio López Tarso, Antonio Aguilar, David Reynoso.

Durante la revolución, un coronel llamado Antonio Zeta (Emilio Fernández), entra en una pequeña población con la poca gente que le queda después de un combate. Ahí tiene un enfrentamiento con otro militar, y se encuentra por primera vez con la mujer que apodan "la Cucaracha" (María Félix). Desde ese momento el coronel y la mujer tienen encuentros violentos y desagradables hasta que descubren su mutuo amor.

Un profesor partidario de la revolución es asesinado por los soldados federales, y deja viuda a una mujer dulce y fina (Dolores del Río), que al quedar totalmente sola, se une al grupo de soldados y soldaderas que siguen al coronel.

Los pleitos entre "la Cucaracha" y el coronel se acentúan, y éste se enamora de la viuda. La otra mujer se aparta de la tropa. Está embarazada y se queda en un pueblo a esperar al alumbramiento. Cuando se ha recuperado, sale de la iglesia con su hijo en brazos para enterarse que el coronel, al que no ha olvidado, acaba de morir en combate.

1959   "Sonatas"

La Productora: PRODUCCIONES BARBACHANO PONCE.
El Director: Juan Antonio Bardem.
El Reparto: Francisco Rabal, Fernando Rey, Ignacio López Tarso, David Reynoso, Enrique Lucero.

Esta película, que está basada en una novela de don Ramón del Valle Inclán, consta de dos partes. La primera transcurre en España y la segunda en México. Esta segunda parte se inicia cuando llegan a este país dos personajes españoles que ya vimos en la primera parte y que son el marqués Bradomín (Francisco Rabal), y el capitán Cásares (Fernando Rey).

Estos personajes llegan a México cuando aún se lucha por la independencia de este país de la Corona de España.

Bradomín se encuentra con la bella niña Chole (María Félix), una criolla perteneciente a la clase alta, y se enamora de ella.

La niña Chole, que es amante del virrey, acepta serlo también del marqués, quien se coloca al lado de los independentistas nativos junto al capitán Cásares, pues ambos desean vivir la gran aventura de la libertad.

1959   "Los Ambiciosos"

La Productora: FILMEX.
El Director: Luis Buñuel.
El Reparto: Gerard Phillipe, Jean Servais, Víctor Junco, Andrés Soler, Roberto Cañedo, Miguel Ángel Ferríz, Domingo Soler.

En una isla imaginaria, y probablemente localizada en el Caribe, existe un gobierno opresor que masacra al pueblo.

El tirano gobernador (Miguel Ángel Ferríz) de la isla, tiene una bella esposa (María Félix), que lo engaña con su secretario (Gerard Phillipe), porque ambos buscan idealistamente la liberación de presos políticos, y de la isla misma.

Durante la celebración de la fiesta nacional, el gobernador es asesinado de un tiro y la mujer queda libre para tratar de realizar junto con su amante sus sueños de justicia y libertad.

Otro alto funcionario del corrupto gobierno (Jean Servais), desea también a la mujer y a la muerte del gobernador es nombrado Jefe de Seguridad, y presiona a la mujer amenazándola con matar a su amante si no se entrega a él. Ella acepta, pero le tiende una trampa al chantajista y éste es detenido y encarcelado acusado de estar involucrado en un complot para derrocar al presidente (Andrés Soler).

La mujer pide a su amante que salgan de la isla, pero él no acepta. Ella le dice que de todas maneras se irá, y lo amenaza con denunciarlo de haber participado en el complot si no se reúne con ella en un término de veinte días. Cuando ella va en un automóvil hacia el aeropuerto, unos soldados que han recibido la órden del amante, disparan contra el coche que cae a un barranco y estalla en llamas.

El amante queda en un alta posición política.

1960 "Juana Gallo"

La Productora: PRODUCCIONES ZACARÍAS.
El Director: Miguel Zacarías.
El Reparto: Jorge Mistral, Luis Aguilar, Ignacio López Tarso, Rita Macedo, René Cardona.

Al principio de la revolución, una mujer campesina pierde en el mismo día a su padre y a su prometido, que son asesinados por los soldados federales.

Entonces ella decide que se unirá a las tropas revolucionarias para vengar esas muertes. Juana Gallo (María Félix), como lo apodan sus compañeros de armas, es una magnífica tiradora y estupenda estratega y arengadora, pues gana batallas militares y batallas verbales.

Un capitán del ejército federal (Jorge Mistral), se pasa al bando revolucionario y se agrega a la tropa de Juana. En una batalla ella es herida en una pierna, y el capitán que estudió medicina, la cura y por supuesto, se enamora de ella.

Como Juana ama al capitán, no quiere que se exponga en los combates por temor a que lo maten. El capitán rechaza esta protección, pues le parece poco digna de su hombría, y abandona a Juana, quien lo hiere de un balazo.

Juana sale con su tropa hacia Zacatecas y la vemos alejarse sobre una colina.

1962   "La Bandida"

La Productora: PRODUCCIONES RODRÍGUEZ.
El Director: Roberto Rodríguez.
El Reparto: Pedro Armendáriz, Ignacio López Tarso, Emilio Fernández, Katy Jurado, Andrés Soler, Gina Romand.

Esta película ocurre una vez más durante la revolución y una pupila de una casa alegre que apodan "La Bandida" (María Félix), se pelea con la dueña del lugar y convence a sus demás compañeras para que la sigan y ella misma pone su propia casa aún más elegante.

La mujer amó en el pasado a un hombre que ahora es general (Pedro Armendáriz), quien la abandonó para irse con la bola. Ella no le ha perdonado eso y cuando él vuelve a buscarla lo enfrenta con el hombre que tiene en ese momento (Emilio Fernández).

Los dos hombres están a punto de matarse, pero una de sus compañeras (Katy Jurado), interviene para evitar la tragedia.

Por despecho, el general se involucra con otra de las mujeres (Gina Romand), por lo que "La Bandida" se vuelve loca de celos.

Después, cuando parece que ambos han hecho las paces y que todo va a marchar bien, el general y el otro hombre vuelven a enfrentarse, el general muere y la mujer queda sola y triste.

1962   **"Si yo fuera millonario"**

La Productora: FILMEX.
El Director: Julián Soler.
El Reparto: Amador Bendayán, Tere Velázquez, Enrique Rambal, Lorena Velázquez, Antonio Aguilar, César Costa.

Esta película es una de las pocas comedias que filmó María.

Consiste en varios sketches en los que intervienen las otras estrellas que la acompañaron.

En el que ella interpreta, la acompaña Amador Bendayán, cómico venezolano. Él es un pobre diablo que sueña con una gran estrella (María Félix), y se hace ilusiones, si fuera millonario, de cómo podría alcanzarla.

1963   "Amor y Sexo"

La Productora: FILMEX.
El Director: Luis Alcoriza.
El Reparto: Julio Alemán, Julio Aldama, Augusto Benedico, José Gálvez, Fernando Luján.

Una mujer bella, no muy joven y mundana (María Félix), que vive una vida de lujos y disipación, con una larga colección de amantes, conoce a un joven médico (Julio Alemán), que se enamora de ella.

El médico que tiene una novia, termina con ella, y la mujer despacha a su protector en turno. Ambos se entregan sin trabas a disfrutar de una relación que va volviéndose tormentosa. Al joven médico le desagrada la forma de vivir y de divertirse de la mujer y se lo reprocha violentamente.

Después de un altercado terrible, el médico es atropellado por el coche de la mujer. Ella sigue manteniendo una extraña y oculta relación con un presidiario, que posiblemente haya sido un antiguo protector.

El médico comprende que nada cambiará y que la mujer seguirá llevando una vida que él desaprueba, y después de intentar matarla, se aleja de ella para siempre.

Esta película tiene como fondo la novela *Safo* del escritor Alphonse Daudet.

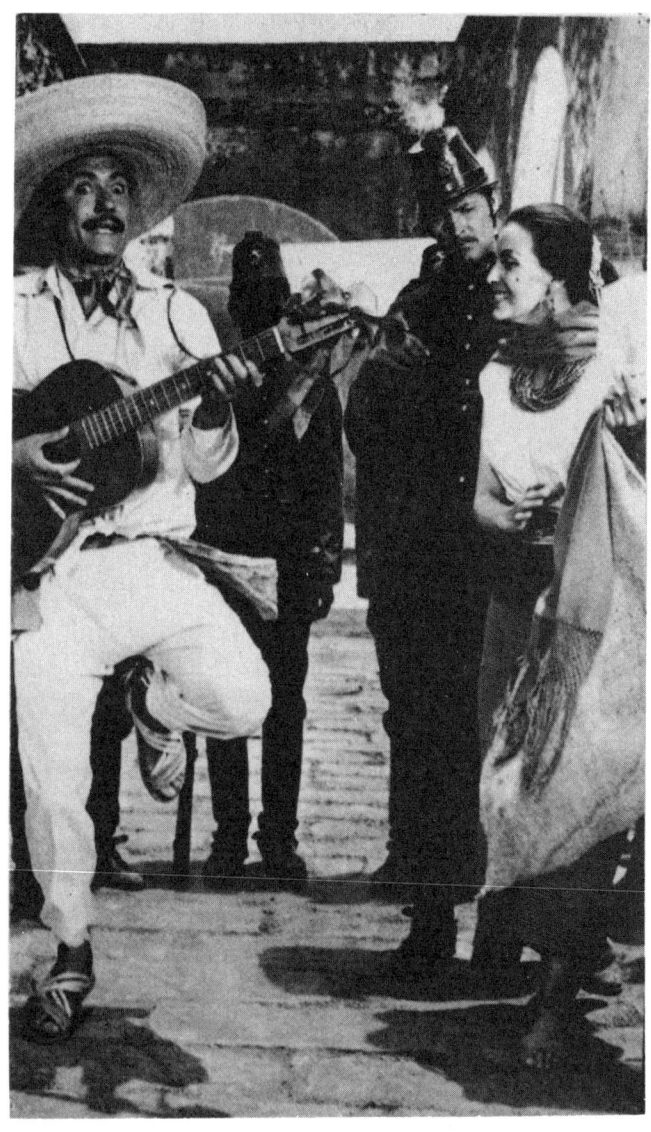

1965   "La Valentina"

La Productora: CIMA FILMS.
El Director: Rogelio González.
El Reparto: Eulalio González "Piporro", José Elías Moreno, Carlos Agosti.

Nuevamente una historia dentro de la revolución, y nuevamente le matan al novio. Valentina (María Félix) acaba de casarse con un oficial, y cuando ella y el novio al fin se quedan solos, él sale al balcón pues se oyen unas detonaciones que parecen cuetes, pero que no lo son, y el novio muere ahí mismo por una bala sin dedicatoria.

Ella decide que ayudará a los revolucionarios, y su padre (José Elías Moreno), y sus hermanos la secundan. Por esta razón compran armas y parque que entregan a los alzados.

Un tipo sinvergüenza y traficante de armas (Piporro) les vende parque que no sirve. Ella y los hermanos van a reclamarle, pero entonces les muestra unos rifles estupendos que le compran, pero los hermanos le ponen una trampa y se quedan con los rifles y el dinero. A su vez el sinvergüenza se roba a Valentina.

Para que ella no se le escape, la encadena junto a él, y así unidos van huyendo por el monte tratando de que no les den alcance el padre y los hermanos, que los siguen. Pasan juntos una serie de aventuras insólitas y tontas y al final ocurre lo increíble, Valentina se enamora del sinvergüenza.

1966   "La Generala"

La Productora: FILMADORA CHURUBUSCO, S.A.
El Director: Juan Ibáñez.
El Reparto: Carlos Bracho, Eric del Castillo, Ignacio López Tarso, Evangelina Elizondo.

Ésta es la última película filmada por María, y otra vez el tema es la revolución.

La historia nos cuenta de dos hermanos hacendados muy ricos. Sin embargo, el hermano (Carlos Bracho) de Mariana (María Félix), es partidario de la revolución y es asesinado por un oficial del ejército federal (Eric del Castillo).

Mariana se une a un caudillo campesino (Ignacio López Tarso), huye con él y su tropa a la sierra y recibe el mote de "La Generala". Ella jura vengar la muerte de su hermano. En un viaje que ella hace a la capital junto con el caudillo campesino para comprar armas, conoce a un hombre muy parecido a su hermano pero que no está interesado en la lucha que libra el país, pero ambos se enamoran.

Estando en la ciudad, ella se entera de que el asesino de su hermano también está ahí, y como el tipo no la ha visto nunca, lo busca, le coquetea y con insinuaciones lo lleva a su casa para vengarse de él, pero no lo mata, sólo lo castra.

Ella y el caudillo regresan a la sierra. El joven de la ciudad la sigue y le pide que se case con él y se olvide de todo. Mientras tanto el caudillo es hecho prisionero por el hombre que ella castró; éste sabe que "La Generala" vendrá a rescatarlo y podrá capturarla. En efecto, ella se presenta a tratar de liberar a su amigo, que ya ha sido ejecutado; entonces ella mata el hombre que castró, y la tropa de éste dispara sobre ella que cae acribillada por docenas de balas.

El rostro de María en la actualidad. 1992.

UNA MUJER LLAMADA MARÍA FÉLIX en su cuarta edición quedó totalmente impreso y encuadernado el 10 de mayo del 2002. La labor se realizó en los talleres del Centro Cultural EDAMEX, Heriberto Frías 1104, Col. del Valle, México, D. F., 03100.